西班牙朝聖800K

Kelly這樣撿回自己

800 Kilometers on the Camino de Santiago, Where Kelly Found Herself

林孟燕

正如經上所記：
神為愛他的人所預備的，
是眼睛未曾見過，
耳朵未曾聽過，
人心也未曾想到的。

——哥多林前書2：9

However, as it is written:
“What no eye has seen,
what no ear has heard,
and what no human mind has conceived”
the things God has prepared
for those who love him.

First Corinthians 2:9

謹 獻 給

我愛的家人及 **Dana** 與 **Juan Enrique**

目次

活在人生的每一步

黑幼龍　中文卡內基訓練創辦人

認識本書作者林孟燕女士已經快二十年了。她從大學畢業後就進入卡內基訓練工作。後來成為講師。我曾到她教的班上去觀摩過。發現她不只是很受歡迎，而且同學們，包括青少年，有些就直接稱呼她的英文名字，Kelly。非常親切。

人有很多地方是相同的。但我想你也一定同意人也有各其特殊之處。Kelly的特點是「動」。她的生活、工作、和成長之路常是動態的。這二十年來，她可能是我們同事中唯一在卡內基的臺北、臺中、高雄公司都工作過的人。這期間還去過澳洲進修了一段時期。她真的很愛動，很會動。

她也因而接觸到更多人，對很多不同的人、各方面的人、各地的人感興趣。進而深入與他們溝通，成為知己好友。正可能是因為她常在「路上」的原因，她真的很能樂在每一不同階段的生活。這些人受到的影響，也就成為她人生路途上的成果了。

但坦白說，我還是沒有想到近幾年她會以

朝聖之途做為志業，每年帶領一群人，一起沿着歷史的軌跡，走上西班牙、義大利等地的朝聖之旅。途中不只是要徒步行走，日曬雨淋，處理突發狀況……

精彩的是要探索這段路程的歷史典故，欣賞途中的晨曦晚霞，享受各景點的小吃水果。

更重要的是 Kelly 能在每次朝聖之旅中，享受接觸陌生人，結識新朋友之樂。要想達到此境界，會問問題，會積極傾聽，會適切反應，會表達意念，就非常重要了。這就是溝通能力。

哈佛大學一項為時七十五年的調查研究發現，高品質的溝通和良好的人際關係是促進健康、幸福、成功的關鍵。

人本心理學家馬斯洛認為人生最大的福氣和運氣，是有人付錢給我們去做我們喜歡做的工作。

擔任旅遊的領隊或導遊可能是一項辛苦或重複的差事。也可能只是一份賺錢的工作而已。

像本書的作者 Kelly 這樣，會溝通，喜歡交朋友，朝聖之途的領隊工作就成為一種享受了。

人生本來就是一段路程。除了要有願景，要有方向之外，活在人生的每一階段，活在當下，並能將樂趣融入其中，正是 Kelly 盼能與大家分享的。讓我們一起來聽她怎麼說。

我不是在朝聖之路上，就是在前往朝聖之路的道上

洪克倫　銓興營造有限公司總經理

我下這麼一個標題，來為凱莉寫這篇序，這應該是現在的她吧！

該有多大的勇氣才能一個人背起八、九公斤的行囊，獨自走完七九〇公里，而且不只走一次，還越走越遠，越走越喜歡，前幾次有她的消息，都是如此，我想這其中總會有原因的，當看完這本書，我或多或少找到些答案了！

看過數不清的遊記，就凱莉這本最特殊，不在風景上多著墨，也不多介紹異國美食，最多的篇幅談的都是人，在這條朝聖之路上她碰到各國朝聖客，她用一段段談話串起一件件的故事，也分享她許許多多的心路里程，就如同我認識的凱莉一樣，她是一個陽光、喜歡微笑，非常正面的女孩，所以書上描述的對話都是正面的，互助的，友善的，樂觀的；我猜想朝聖路上那些各國的朝聖客都有享受過和凱莉聊天的樂趣，因為她是一個十分能聊的對象，她總是能適時的發問，讓人不知不覺說得很開心，而她只是專注聆聽。

一個人的壯遊，除了享受獨處，還能有很多時間和自己對話，徹徹底底把自己的心靈淘洗一遍。書上她說在這條路上，她如何學習面對錯誤，學習放下、分享，要愛自己，真的聽到自己內在的聲音，有一段談到，「過去的不快樂是否因為不自覺地有著過度的期望……」，我想在這條路上她是用最簡單、最低的物慾，只靠雙腳走完全程，才能深刻的體會什麼是「需要」，什麼只是「想要」，真能體會到心靈的富足。

書上記錄她這幾次在西班牙朝聖道路上許多有趣的對話和故事，我特喜歡這段——當爬到法國之路的最高點克魯茲鐵，朝聖客們會把從家鄉帶來的一顆石頭放在那裡，象徵放下「重擔」，放下「執著」，讓自己放下，接下來，用另一種輕鬆自在的心情走完剩下的路程，那些在家鄉放不下的執著、感情的糾結、遺憾、忘不掉的悲傷、解決不了的憂心，就放在那兒吧！心中少了許多掛礙，輕鬆多了，以最舒適的行走節奏再出發囉！也許只是個儀式，但何嘗不是對自己的一種宣誓呢？

期盼了很久，凱莉終於把它集結成冊，我相信看完這本書之後，能鼓勵很多人踏出去，去完成一趟任何型態的壯遊，去和自己對話，去真實地面對自己，把自己也許蒙塵已久的心洗滌一番，這樣活得才有意思，才有味道，不是嗎？

成就自己的Camino

邱泰勝 「一年一路」朝聖系列及「花東泥土路 臺灣Camino」社群創始人

什麼是朝聖？

為什麼去朝聖？

對我而言，朝聖就像一面明鏡，鏡中返照過往的人生，在這面明鏡之前，念頭情緒不斷的「妄我」被消磨，映照出遠離熟悉的時空與人際關係的「真我」，那是抽離舒適圈、相對客觀的「真我」。

Kelly寫下朝聖的歷程：「不論外表、年齡、職業、身體狀態，這條路接受你的一切。」無論「內心世界有多麼混亂，這些有的沒的都會隨著步伐的累積漸漸剝除。」Kelly現身說法，在「無條件接受你一切的路友和奇妙事件中」，發現「愛自己」以及「世界是友善而豐盛」的意義，從而找回初心，找到「活在當下」和「放下」的真義。

漢字洞悉人心，所謂的「修行」和「步行」都有「行」字，實非偶然。「行」不但是身行，更是心行。就如Kelly說的，在朝聖過程中，種種念頭和情緒都在每一個前行的步伐中慢慢被消解。我曾在Camino Mozarábe途中看見牆上的警句：Haz

Tu Camino，意即「成就你（自己）的 Camino」，似乎在暗示別人無法幫你照鏡子。

如何成就自己的 Camino 呢？

譬如不著急趕路，也就是 Kelly 所說的傾聽身心，以自己的速度走自己的路；敞開胸懷和世界各地的路友交朋友；如浮萍般結伴，因為「關係不是束縛，而是約定以及互相扶持」。有些則是該做的事，聆聽路友的故事，用眼、耳、鼻、身體驗周遭的天籟之音和豐盛，靜心察覺 Camino 呈現的人事物與大自然的啟示。

誰是這本書的主角？或許不是 Kelly，讀者才是。

Kelly 交出朝聖的秘笈，換你勇敢地走出去。行者無疆，「出走者」將抵達一個海闊天空的狀態，體會前所未有的輕盈。對於走過的路友，一旦回到舒適圈，路上的體悟可能有所減退，但是朝聖途中體驗到的豐盛而友善的世界不會消失，這正是讓我們持續前進的力量，不再焦慮，也不再擔心害怕，刻骨銘心的身心體驗賦予我們不可磨滅的信心和難以置信的身心修復能力，足以面對生命中的種種困境。

Haz Tu Camino!

Buen Camino!

堅定的腳步，真實的故事

游秀美（全國電子（股）公司董事夫人）

很榮幸接受作者 Kelly 邀約寫序。Kelly 是卡內基傑出的資深講師，畢業即加入高雄卡內基講師群，積極熱忱獨具個人魅力與影響力，幫助很多學生建立信心與自我成長，我的幾位子弟兵及孩子們都由她輔導。我是卡內基大學姊，三十年來卡內基各種訓練，幫助我維持良好的親子關係及管理溝通，與 Kelly 相識十多年，兩人投緣，成為宛如母姐般的忘年之交。

猶記多年前某個 Tea Time，Kelly 說：「秀美姐，我會暫停卡內基的教學生涯，內心總是深切呼喚，想改變眼前一成不變的生活，我想遠離臺灣去歐洲走一趟朝聖之旅。」

我屏息聽完她的夢幻壯遊，在家人好友眼中是人生勝利組的她，毅然決然想翱翔千里之外的天際，看著她認真堅定的興奮神情，我知道勸阻無效，反而感謝她願意跟我分享，我不想做個嘮叨的姐姐，只叮嚀她每次回來要帥帥的，讓秀美姐知道妳平安歸來，路上注意安全保護自己。

我的老天鵝！眼前這位看似柔弱的小女生，沒多久真的飛遠了，從此她就像多了隱形翅膀的天使，悄悄飛來又悄悄飛走。這一走有三、四年了吧，每隔一段日子，她總會敲敲我的Line，大聲說：「秀美姐，我回來了。」約見面吃個飯，聽她娓娓說道朝聖記，一開始見她雲淡風輕，但我深知她勇敢而執著地走著，途中沒空傷心沒空休息。

此後每逢她返臺相見，我發現她漸入佳境且樂在其中，多年的卡內基經驗似乎足以讓她盡其所能地跨越難關。就在往返之間，無形中我成了Kelly的最佳聽眾甚至是心靈義診老師。某次朝聖途中，我接到她緊急敲來訊息，在地球另一端一時求助無門，我聆聽並瞭解狀況後告訴她：「Kelly，把心靜下來禱告，要相信上帝就在身旁，寬恕與包容是妳這趟朝聖之旅首要的必修之課，讓時間洗滌妳的心靈，一切即將否極泰來。」回想起來，我由衷感謝Kelly對我的信任與交託，更要恭喜Kelly的是在莊嚴的朝聖之旅中遇到挫折能反思並超越自我，獲得意義非凡的人生至寶。

Kelly有如京劇變臉般潛移默化的蛻變，讓我在每一次道別後都殷殷期盼她趕緊回臺分享新的冒險故事。這本書是作者無私的分享，三年多來每天無論行腳多遠，她總在睡前埋首一、兩個小時，鉅細靡遺地記錄，透過這本類日誌的敘述，我終於明白全球為之瘋狂的「朝聖之旅」魅力何在。與其說她暫時離開「卡內基」，不如說是「卡內基」的金科玉律牢牢刻進她的靈魂，才會令飛機上一部隨機影片成為她決定離開舒適圈的起點，讓她義無反顧地踏上未知的朝聖之路。

七九〇公里也沒多遠啊……哇，這小妮子口氣這麼大，因為她的行囊中裝滿人際關係寶典：只生活在今天的方格中、準備接受並改善最壞的情況、聆聽別人及談論他人的故事、真誠關心他人。她撇開語言不通的恐懼，盡量與人互動，途中充滿驚喜、驚奇與驚嚇，因為信仰及卡內基寶典，她一次次有驚無險地走完她的路，沿途發現最美的風景是人——來自世界各地的朝聖客。書中記錄作者走向迢遙的朝聖路，在行進路上邂逅形形色色的人們，也不期然遇到飄浪中的舊識或新友，她以堅定的腳步向前走，分享生動真實的故事。讓我更驚喜的是，最近一次見面我發現她已找到全新的自己，一個更自在的Kelly正優雅地走向下一個行程。

竭誠推薦這本書，Do it! Right now！給想走出舒適圈改變自我的你。如果你也想走一趟屬於自己的朝聖之旅，這本書可以成為朝聖之旅的工具書及行前行中的參考書。這部Kelly的朝聖之旅有廣度，更有溫度，讀了以後方知天涯何以若比鄰，心扉得以豁朗，真正的世界從此開啟。

穿新鞋走心路

黃德芳 卡內基資深講師及中場新起點創始人

二〇〇〇年，Kelly因事聯繫「卡內基訓練」的黑幼龍先生，恰巧我是聯繫人，當時彼此交流非常愉快，深受她活潑開朗的語調所吸引。出於這份因緣，當Kelly畢業不久，我就推薦她加入「卡內基訓練」，直到二〇一五年，她毅然轉換跑道，擔任朝聖之路的專業嚮導，開啟她人生第二段職涯。

五年來，Kelly在臺灣與歐洲遊走，將卡內基正向積極的精神融入自我突破的勇氣與執著，面對真實的自己，探討愛自己的真諦，找到活出最好自己的方式。看完kelly朝聖之旅精彩的故事，對照共事時的Kelly，不禁令我對朝聖之路的奇妙影響力大為讚嘆。

許多人都期許在職場中可以蛻變與順利轉行，但是擬訂計畫者多，付諸行動者少。Kelly以親身經驗啟發我們如何突破舒適圈，如何做好準備來與自己相遇，從這本書我們可以學習：

一、鍛鍊體能與承受力，為自己多走一哩

路。Kelly每週三次山中鍛鍊及負重行走，最終能承載九公斤，朝聖之友佩服她是超級女人（superwoman）。後來，極簡行李令她悟出Less is More的哲學，如今她拋開物質慾望，更加嚮往大自然開闊無盡的生命探索。

二、堅持走下去，用心寫自己的故事，突破就在眼前。二〇〇七年她前往澳洲短暫遊學，曾告訴我「未來真想能找一份可以環遊世界的工作」，當時我不以為意，現在看來她從未放棄勇闖世界到處冒險的夢想。她辛苦取得英文領隊證照，在朝聖之路上以十五年卡內基資深講師的功底，與世界各國友人交流深談，甚至有人願意負擔機票鼓勵她務必前往朝聖之路冒險一次。有一回她身體不適，有人主動為她求救，自願延宕旅程。當她獨自行走，想到傷心難過處，勇敢放聲大哭，有人溫暖打氣加油，等她擦乾眼淚，一起為生命更成熟乾一杯。Kelly堅持每天花一小時寫日記，有人鼓勵她用心經營部落格，這些持續不輟的努力終於化成書中與上百位朝聖客的精彩對話及情誼，適足以印證她的體會：「這條路最美的風景是人，最意外的禮物就是寫作。」

Kelly在朝聖之旅中經歷信仰的更新洗禮，使她更加渴望分享這段走出「愛自己與突破自我」的奇妙旅程。別忘記我們也要帶著愛，一起穿新鞋走心路，就如紀伯倫所言：「生活是黑暗的，除非有了激勵；一切激勵是盲目的，除非有了知識；一切知識都是徒然的，除非有了工作；一切工作是虛空的，除非有了愛。」

自序

晚餐後窩在餐桌旁至少花一個小時認真寫日記，是我每天在朝聖之路上必做的功課。就像以這條古道為背景的德國小說——《我出去一下》——開篇所提到的：

> 以前從未興起記錄生命的念頭。突如其來的衝動，讓我想將這趟即將展開的冒險旅程，鉅細靡遺地寫進小本子中。

我也想寫，因為每天遇到的人事物太有趣了。我怕回到臺灣後，很多微小但真切的感動會因忙碌而遺忘，所以我記下每天的歷程，也寫下與自己的對話。

二〇一五年五月底第一次走完回來，很多朋友鼓勵我將歐洲三個月的行程、啟發與感動記錄下來。尤其我讀書會的會長洪克倫先生還提議我出書，甚至幫我辦了一場近百人的分享會。他一直鼓勵周遭的朋友，一生要有一次真正的壯遊。

而我似乎實踐了他的理念。過了一年之後，他仍然念念不忘出書的事。

路上遇到的美國朋友戴納（Dana）帶著我一步一步架設部落格，也才有後續的一篇篇文章。記得我第一篇寫完遲遲不敢公布，逼得他直接下指令：Do it! Right now! 我只得乖乖上傳。慢慢地看似荒蕪的部落格竟然開始出現忠實讀者，收錄在本書中的文字都是在他們的鼓勵下重新整理出來的。朝聖之路給了我無數的禮物，最讓我意外就是——寫作。文字讓這段寶貴的旅程更完整，書寫也讓我療癒自己，並藉由網路傳遞到我想像不到的遠方。

走在朝聖之路的人來自世界各地，所有人都朝著相同的目標進發，就像路上用以指示方向的貝殼指標。星芒散射狀的貝殼紋路像不同的朝聖路線，無論從哪裡出發，最後都將匯聚在同一個點，亦即終點聖地牙哥德孔波斯特拉（Santiago de Compostela）。行進的過程可說單調乏味，但路上形形色色的人之所以來走這一遭原因都不相同，他們都以堅定的腳步訴說不同的故事。他們的實際經歷比我所記下的還要豐富，只恨我文采平庸，能捕捉到的部分極其有限。

我喜歡引導人說話，喜歡認識人，正因為每個人的文化背景、生活習慣、處世哲學都不同，從他們身上我得以反觀自己，調整價值觀，找到平衡點，看見屬於自己的生活樣貌。我從這些朝聖客身上學到很多寶貴的人生體驗，在臺灣的日子，我也許時常掛在嘴邊提醒學員，或許在書上讀過，或許長輩講過，但都比不上從這些人身上獲得的來得深刻與真切。

身為卡內基訓練課程的資深講師，幾十年來我不斷提醒學員「活在當下」，直到踏上這條路，我也才意識到這四個字實在知易行難。過去的我一站上講台，幾乎像是反射動作一般義正辭嚴地要學員實行出來，走過幾次朝聖之路越來越覺得其實自己也還實踐得不夠徹底，每每因此感到汗顏。往正面想，也因為這樣才有機會反思自己，是否能真正做到嚴以律己而寬容他人。

《聖經》記載摩西帶領以色列人離開埃及，在曠野中飄盪四十幾年，最後才進入上帝所應許的迦南美地。我反觀自己，年輕時不知道自己真正要的是什麼，一路跌跌撞撞直到年歲將屆不惑，就像摩西在曠野中度過的漫長時光。工作過程中承受巨大壓力，將我傷得千瘡百孔，如今看來卻是上帝的千錘百煉，美好的預備。少了前段工作的奠基與能力養成，我就無法在之後坦然面對自己，走出屬於自己的路。走完每一步，回頭再看，原來都是上帝的安排，即便我在朝聖之路上有所領悟，也都有祂按部就班的導引。

遠離臺灣的所有雜務，走出舒適圈。沒有工作壓力、沒有閒人叨擾、沒有網路訊號（我刻意不辦網路卡），每天起床餵飽肚子後就是單純的走路。剛開始，腦中仍有揮之不去的雜訊，過去的問題現在的問題未來的問題，形成腦海中接連不斷的波濤。一週以後，思慮明顯變得澄澈，慾望變小，雜念變少，讓出空間後，喜樂才從內心深處汨汨湧出。每天只要還走得動就充滿感激，餓了有食物果腹，渴了有水解喝，就是幸福。

曾有網友請我推薦路上不可錯過的景點，我想了一下還真沒有。沿途的大城市潘普洛納（Pamplona）、布爾戈斯（Burgos）、萊昂（Leon）可能還有「景點」可言，但又沒有像巴塞隆納（Barcelona）有壯闊的、非去不可的聖家堂（Sagrada Familia）可以參觀。後來我都一律回答：「路上最美的風景是人。」真心覺得踏上朝聖之路，意味著準備向世界敞開心靈：放下語言不通的恐懼，盡量與人互動，感受人我交流的美好。這條路也期待你隨時準備好跟自己展開對話，聆聽內在的聲音，思考自己真正要什麼，想過什麼樣的生活。我們花費太多時間困在沉重的現實生活裡，忘記自己的本來面目，慢慢變得不快樂，甚至壓迫周遭的人一起窒息。如果有機會開始一段旅程，讓自己得到緩解，那麼問題就變成：

Why are you still here?（你為什麼還在這裡？）

What are you waiting for?（你在等什麼？）

這本書記錄了我三年期間，兩次法國之路(Camino Frances)、一次北方之路(Camino del Norte)、一次葡萄牙之路（Camino Portugues）的經驗，以及首度帶領朋友走法國之路的奇妙事蹟。我期望透過這些路上遇到的人、發生的事還有我的體悟，讓同樣身陷困境的讀者產生勇氣，做出改變。改變不一定是辭職、分手、離婚……這種巨大變動，而是找到機會靜下來思考、反省，從而活出真我。只有知道自己想要什麼，不以他人的眼光或世俗的價值自我設限，我們才能卯足全勁，奮力一搏。

朝聖客口耳相傳，在朝聖之路上，每個人都獲得意義非凡的人生至寶，希望這本書裡的某個片段能刺激你揹起行囊，上路領取專屬於你的贈禮。

Buen Camino!

一路順風！

法國之路

Camino Francés

‖ Orisson 庇護所前的大樹。

I　其實七九〇公里也沒多遠啊，大概是忠孝東路走七十九遍吧，呵呵。而我的朝聖之旅就從離開床鋪開始……

回望過去，我總是可以清楚指認出這一切的起點。

二〇一二年，我首度單獨一人前往法國自助旅行。在回臺灣的飛機上，我看完一部電影——「朝聖之路」（The Way）。劇情描述身為眼科醫師的主角某日打高爾夫球時突然接到法國警方的來電，通知他的兒子出發走朝聖之路的第一天，就在庇里牛斯山（Mt. Pyrenees）意外身亡。他急忙從美國趕到法國南方朝聖之路的起點聖讓皮耶德港（St. Jean Pied de Port，簡稱 SJPP），確認兒子的遺體。

之後這位父親帶著兒子的骨灰，繼續他剛開始就結束的旅程，徒步踏上這趟長達八百公里的古道。全程行經西班牙北部五個自治區，沿途撒著兒子的骨灰，直到終點。這段路最終撫平了主角的喪子之痛，並與沿途幾位朝聖客建立深厚的友誼。這個意外改變了他的生活型態：鎮日埋首工作，空閒時跟朋友打高爾夫球，過著看似優渥實則單調貧乏的生活。電影最後一幕是他背著背包，神情自在愉悅地優游在某個陌生的城市。

當時的我從事卡內基訓練工作已經超過十年，它是我第一份工作。我很慶幸一出社會就進入這麼充滿挑戰且制度完善的培訓公司，它使我成為專業訓練講師，協助職場人士培養溝通與領導技能。剛開始我讓朋友稱羨，讓家人為傲，之後工作慢慢占據了我所有的時間，我開始犧牲與朋友家人共享的重要時刻。這份工作很有價值，我很喜歡，但我的人生似乎只剩工作，別無他物，這讓我很矛盾。我開始質疑自己，內心一堆問題不斷湧現：

人生只有這樣嗎？

我要這樣過一生嗎？

除了教授這套課程，我還能做什麼？

還有什麼職位適合我？

都快四十了，還有什麼公司願意用我？

每次想到這裡我就打消了轉換跑道的念頭，乖乖打起精神，安分地回到平穩規律的工作，如此周而復始，而那些無解的疑問依然在我內心不斷攪擾波動。

這部電影穿透裂隙，在我充滿陰霾的世界投射一道天光。我開始思考，或許我也可以用那樣的長途步行與自己對話，藉機會找回自己，洗滌內心。長期的壓力讓我的內在宇宙慢慢塌陷成黑洞，有些是工作的困境，有些是與人相處的挫折，有些是對自我的質疑……，而我通常沒去處理，實際上也不知該如何處理。

因為工作的性質，每天來來去去的人很多，看似認識很多人但都沒機會與他們深談，奠定更深的情誼。甚至常覺得對他們有所虧欠，因為我發現自己的付出，到最後我其實才是那個受惠的人。我想踏上這條路，想找機會釐清人生可以有怎麼樣的轉換，因此在心中暗許，有一天我也將踏上這條路。

二〇一四年我自導自演人生舞台的轉折——辭掉工作。一方面我再也安撫不了壓抑許久的心，同時身體開始出現警訊。失去健康對我來說跟世界末日沒有兩樣，我只能硬著頭皮，在還不知下一份工作在哪裡，也沒有過換工作的情況下，毅然提出辭呈。父親很淡定，沒有問我離職的理由，也沒有多表示意見。母親當時心裡一定也很擔憂，但她也不多說什麼，我很感謝也很慶幸他們對我的體貼。

辭職後我狠狠補眠，睡到我自己都有點心虛。媽媽當時一定很擔心，但她卻說：「妳已經辛苦很多年，就好好的睡到飽吧！」這句再平常不過的普通話語給當時的我很大的安慰，而且說也奇怪，一旦自己覺得被理解、接納，反而不再昏睡。我嘗試一個人開車直闖深山，憑著模糊的印象找到之前跟朋友拜訪過的山，持續五個月的體能訓練。每個禮拜在山中待三次，不斷訓練自己長時間的行走與負重，這些訓練讓我在朝聖之路上身體沒有任何狀況。當其他人為水泡所苦的同時，我卻還有餘力拿準備的藥品幫助別人。

二〇一五年我先給自己三個月流浪歐洲各地，在比利時、荷蘭、德國、捷克、奧地利、義大利、法國等有形與無形的國界之間穿梭，壓軸的最後一個月才正式踏上朝聖之路。這對我來說是件不可思議的事，畢竟我之前從未以一己之力在國外旅行這麼長的時間。

不過說來好笑，我人都已經在歐洲了，內心卻還是充滿質疑：自己是否太任性了？就這樣辭職，會不會找不到下一份工作，然後流落街頭？

直到身處威尼斯的穆拉諾島（Murano Island），此時大概已經流浪一個多月。在這個以製造彩色玻璃著稱，有著無數水道蜿蜒其中的小島上，接到臺灣傳來的噩耗：高中同學因癌症離世。她是我們班公認的班花，美麗的她竟然成為班上最早離世的人。哀傷之餘，我深切體認到當下我能活著是何其幸運！竟然能跑到這麼遠的陌生異地，在如此絕美的地方健康呼吸，若我不好好把握，反而把時間耗在憂慮也許根本不會發生的壞事，那才是可惜。我要替自己，替這位朋友，好好地看看這個世界。

踏上朝聖之路前，我請教了朋友胡安(Juan)，他是巴塞隆納（Barcelona）人，數學教授。當時他告訴我這條路在西班牙境內很夯，但他還沒有走過，很期望退休後能有機會去走。他現在依然很忙，一年中有大半時間在不同國家進行學術研

‖ 西班牙數學教授胡安，他開啟了我探險世界之路。

究、教導學生。他說走這條路將會對我幫助很大，我問他為什麼？他解釋說，路程當中我一定會遇到很多來自世界各地的人，他們多少會帶給我不同的觀點與視野，尤其我正在重整人生，思索下個階段要怎麼開始，或許這會幫助我理清思緒。聽完他這番話，我就暗自下定決心，一定要踏上這條路。

唯獨有一個小小的疑慮：近十年來歐洲恐攻頻繁，難免擔心是否有危險。胡安認為恐攻是偶發事件，很難事先防範，但他在世界各處遊走多年，一次也沒碰過。他堅定的告訴我：不能讓這種無法控制的偶發事件阻礙我們探索世界。後來有朋友想在歐洲旅行，又擔心恐攻時，我就會跟他們分享胡安的看法。聽了這一席話，朋友心中的陰霾總是會立即消散，屢試不爽。

胡安一直給我如此探索世界的勇氣。有一年他幫我買了張去西班牙的來回機票，因為中文姓氏與名字的書寫順序跟西班牙不同，導致那張三萬多塊的機票作廢無法使用，當下的我可說是欲哭無淚，只能拖著行李默默開車回家，心情沮喪到無法入眠。隔天一早他傳訊息給我，說臺灣時間從午夜到清晨他都在幫我尋找解決辦法，設法更正機票資訊，最後還是很遺憾，真的就無法使用了，他決定重新幫我訂票，並堅持付一半的錢。他堅定的對我說：「Kelly，我一定要讓這個成功的經驗幫妳修復先前那個錯誤，不然那個錯誤會讓妳終生感到遺憾。」當天傍晚，我就搭機展開那趟旅行了。

他著實幫我上了很重要的一課——學習面對錯誤。過去的我害怕未知、害怕犯錯、害怕損失、甚至害怕做不到的遺憾，這些恐懼常常讓我裹足不前。因為胡安，我學到即使犯錯，也沒什麼大不了，只要盡力修復，就會學到經驗、增長知識，所以有機會犯錯反而是好事，因為害怕而停止嘗試，不但會失去太多樂趣，本身更是最大的錯誤。胡安挑起了我愛冒險的本性，那次之後我更加放膽遊歷不同國家。

我記得那次跟胡安會合時，說好把大部分行李放在他的辦公室，我再揹背包上路。他很喜歡走路，踏上朝聖之路當天，我得從巴塞隆納搭火車到潘普洛納，離火車出發時間還很充裕，他提議走路去車站。我們從旅館出發，出發前我想他是基於對我的疼愛要幫我揹背包，我說我已經是真正的朝聖客了，全程得自己來，於是婉拒了他。他沿路信手拈來，講了很多我們經過的街道的故事，但我當天沒太多心思聽，也沒跟他說太多話。我們走了約五十分鐘才到達，原來他是用這種方法不知不覺幫我暖身。

之前他在遙遠的西班牙祝福我從臺灣飛出去探索不同的國家，這次他親自送我到車站，祝福我上路，還幫我買了一些麵包跟水果讓我可以在車程長達四小時的火車上吃。老實說，他的舉動讓我感受到他像爸爸對女兒一般的疼愛，也稍稍撫平我一點忐忑不安的心情。我很慶幸有這麼一位朋友，在這時候陪我走一段。這一走就是一個月，我沒有這麼長時間行走的經驗，前方不知道有什麼在等著，真不知道我到底哪來的膽子。

到達火車站行將告別之際，胡安還是不斷叮嚀：「到潘普洛納時應該已經下午了，我也很喜歡那個城市，妳也一定會喜歡。登記住宿完成後，一定要去海明威常到訪的伊倫娜咖啡店（Cafe Iruna）喝杯咖啡，別忘了裡頭有海明威的雕像，一定要去看，然後好好享受這趟旅程。一旦妳投入下一份工作，大概不會有這麼長的假期了，所以一定要好好珍惜它、享受它。我祝福妳一路平安順利。」

有些朋友見了面會讓人捨不得道別，胡安就是這樣的一個人。他的關心從不拖泥帶水，在這段路的起頭給了我溫暖的力量。他讓我確切知道，有他的祝福，這一路都會平安無事。他也讓我了解，真正願意花時間陪伴彼此的朋友才是真心的朋友，必須珍惜他們所付出的時間。

朝聖之路的行李打包小撇步

打包背包這件事曾經困擾了我很久。

第一次揹背包旅行，即使盡力精簡了還是覺得重。以我的身高（一六二公分）比例去算，小隻的我最多只能揹五公斤，我卻把九公斤的重量扛在肩上。從背後看去，別人只會看到一個黃色背包底下長了兩條短腿，路上碰到的朝聖之友常說我是超級女人（superwoman）。

根據幾次旅程所累積的經驗，在此公開傳授行李打包的無上心法：「少就是多（Less is more）」。有了這個心法，搭配我列在底下的通用招式，每個人都可以打造出最適合自己的流浪天涯小包包！

- **背包**　背包重量應盡量保持在體重的五分之一至四分之一以內，甚至更輕。若無法負重徒步，其實路上運送行李很方便，三至七歐元就可把背包寄送到當天要到達的點，缺點是行程較沒彈性，無法臨時停在某個村落。
- **登山鞋**　請選購中筒登山鞋。有登山經驗的人都知道尺寸必須比平常穿的鞋大一號或一號半，因為長時間走路腳會腫脹，一定要為此預留空間，才能保證行走時的舒適度。並建議一定要穿著透氣厚襪，長途步行時較厚的襪子才能提供足夠的保護與緩衝。

- **登山杖**　一定要準備兩支。它能分散壓力，減緩衝擊，保護膝蓋。千萬別因為怕麻煩而不攜帶，到時一定後悔莫及。另外，我搭過的航空公司因為飛安規定，登山杖不能跟乘客一起登機，請善用航空公司都有的免費託運服務。
- **睡袋**　庇護所不提供棉被，一定要自己準備睡袋，睡起來比較乾淨舒適。我不得不再三強調，睡眠品質會嚴重影響接下來的行程，不可輕忽。
- **衣物**　二條彈性透氣長褲、三件替換內衣褲、三件速乾上衣、三雙襪子、斗篷式雨衣（可以同時罩住人與背包）。羽絨衣，西班牙屬於大陸

‖ 第一次出發的自己。

型氣候，日夜溫差很大，一件輕量羽絨衣可抵擋寒風又輕、負擔少。其他衣物視季節添加，並以速乾透氣為購買時的優先考量。

- **盥洗用品**　依個人需要攜帶，原則上越簡便越好，沿途幾乎所有城鎮都能適時補充，千萬別帶太多在身上。
- **防曬用品**　寬緣帽子，遮蔽範圍大一些多少有幫助。防曬乳液建議帶輕巧便攜型。
- **醫藥**　隨身常用藥品視個人需求準備，各大城鎮都很方便添購，不要因為太過擔心而帶一堆。
- **現金**　若以最經濟實惠的方式走這段路，全程住庇護所，每餐吃朝聖餐點，一天約需準備五十歐元（折合新臺幣約一千八百元）。
- **其他**　有人會問：「路上是否有WIFI？」有的。即使庇護所沒有，路上很多餐廳也都有，點一杯咖啡就可以免費使用，有些城鎮比較繁榮，甚至一進城就可連接上免費網路。為求心安，出發前事先在臺灣買好網路卡也可以。

II 好啦，其實不是我的床。真正的起點是這個會有一群牛暴衝的西班牙老城市……

海明威的半自傳體小說《太陽照常升起》（The Sun Also Rises）中提到一群朋友到潘普洛納參加奔牛節的故事，隨著作者獲得諾貝爾文學獎，捧紅了這座城市，也讓奔牛節變成全世界家喻戶曉的重要慶典。於我，很多生命中的第一次奇妙經驗都在這裡發生。

首度在國外過生日就在潘普洛納。我不特別重視生日，尤其之前在職場，每年生日總是遭逢一年中最忙的階段，連吃飯睡覺我都嫌時間不夠，因此這日如果有朋友在臉書上留言祝賀，或是更幸運一點當天沒課，我就謝天謝地了，在國外過生日這種事我壓根也沒想過。不過誰知道，有朝一日我會離開現有的穩定工作，甚至將工作地點拓展到歐洲。

當我安排行程時無意間發現居然碰到生日，而且落腳處不偏不倚地就是潘普洛納，我在心裡驚嘆微笑，由衷感謝：「神啊！祢真愛我，給了我一份特別的生日禮物，祢知道這個城市對我的意義不同，是我生命轉變的起頭。這是我的第一個城市，祢讓我透過這裡開始踏上朝聖之路，到這個城市慶生。」

當天我與同行的夥伴沒有特別的慶祝活動，但我們所有人聚在一起，在海明威常到訪的伊倫娜咖啡店小酌暢談，這已經是我認為最酷的慶祝方式了。

初次抵達這個城市，步出火車站，我怎樣就是找不到遊客中心索取地圖。經過幾年的摸索與科技的幫助，現在的我已經不必倚賴遊客中心與紙本地圖了，但當時不會使用科技產品，迫使我非得跟當地人搭訕問路才能找到正確的方向，反

伊倫娜咖啡店。

而因此有機會結交當地的朋友，若當時我就知道怎麼使用 Google 地圖，就沒機會認識他們了，終歸是福不是禍。

出了月台我就注意到兩位年齡跟我相仿的男女，來接跟我同車的年輕男士。我問他們老城區怎麼走？要不要搭公車？女士回答我：「這裡跟老城區有一段距離，但又不是太遠，搭公車反而不太方便，我們都用走的過去，妳要不要跟我們一起？」

走路！太好啦！我不加思索地答應。

彼此介紹後得知，原來是艾杜（Edu）和她的先生阿爾瓦羅（Alvaro）來接他的弟弟飛利浦（Felipe），兄弟倆是智利人。艾杜夫婦是表演藝術工作者，擁有自己的工作坊，飛利浦則是電影製片。他們聽到我來自臺灣，一臉驚喜，因為他們在當年的七月將應高雄市政府之邀到臺灣表演，真是機緣巧合。

跟著他們邊走邊聊進入老城區，艾杜還特別告訴我牆上所標註的奔牛起點。我們沿著窄小的石子路往上爬升，想像真的鬥牛在這裡狂奔跟人搶道時的刺激感。

找到遊客中心，剛跟他們道謝與道別，艾杜又掉頭回來問我要不要跟他們一起吃午餐，我欣然同意，因為跟當地人互動可以最快融入他們的生活。街道上跟我一樣的背包客越來越多，在路旁等候他們三位時，馬上有人主動打招呼問我是否需要幫忙。讓我不禁感到驚奇，這真是一個友善的國家。

用餐前我們先到小酒吧小酌，各自點了杯水果酒、白酒，站在酒吧店門口悠閒地聊天。步上這條路之前的兩個多月，我在不同城市流浪。因為獨行，只能遠遠看著酒吧的熱鬧景象，現在我也有一群朋友陪伴，可以拿著酒杯站在店門口，活像個當地人，這個城市似乎一瞬間就讓我有歸屬感。他們帶我去的這間酒吧旁邊就是城市的著名地標——潘普洛納市政廳（Ayuntamiento de Pamplona），拐個彎就能看到。

我問艾杜：「我們不是要去吃午餐嗎？」

她說：「他們習慣在餐前先到小酒館喝一杯，即便像她不喝酒的人，也會跟著點杯氣泡水陪朋友喝。等大家微醺、聊開了，再回家煮東西吃。」

回到他們家，三個人在廚房裡忙進忙出。很快地，餐桌上就出現魚，接著又有濃湯。夫妻兩人烹煮食材的同時，還會自然地親吻對方。我問他們感情為什麼能這麼好？他們說他們從認識到結婚過了很多年，彼此的共識是不讓婚姻變得平淡乏味，有愛意就馬上向對方表達，共同維持愛的溫度。

‖ 潘普洛納市政廳。

不敢打擾他們太久，下午五點多我跟他們道再見，也約定好七月在臺灣相見。後來我們真的在高雄重逢，我還帶著姪子去觀賞他們的演出。他們因為巡演的行程，經常往返智利與西班牙，我到潘普洛納多次都沒見著他們。後來每次進入這座城市，我一定先到當時一起小酌的酒吧點一杯酒、一個Tapas小點，算是思念艾杜一家人的固定儀式。

第一次體驗到醺醺然的滋味也是在這座城市。當時為了確認帶領人走這條路是我的志業，我再度出發步行完整的全程，從法國之路的起點聖讓皮耶德港直到穆希亞（Muxia）與菲斯特雷角

由右至左分別是艾杜、阿爾瓦羅、飛利浦。

(Fisterra),比上回更瘋狂了。

一直很期待造訪潘普洛納,除了因為海明威而聲名遠播之外,這裡有好多酒吧,好多各式各樣的西班牙竹籤小點(Pinchu),街上可以看到一小群一小群人們輕鬆的拿著酒杯喝酒聊天,或在海明威常去的咖啡店前坐著喝咖啡曬太陽,是一座很有活力與朝氣的城市。

這回在庇里牛斯山遇到的蘇西(Susi)不想留在這個大城市,我試著說服她留下,但她不為所動,我們就在市政廳前擁抱告別,各自轉身走自己的路。她笑我剛剛跟其他人可以輕易說再見,跟她為何不行?我說這是因為我們有著數夜共枕的情緣,自是難分難捨啊!真是殘酷,她的步調快我很多,這一別,不知何時還能見到這個奧地利女生。

‖ 奧地利女生蘇西。

時間還早,才下午兩點多,這個大城市有很

多旅館與庇護所，所以我不需要因為找不到歇腳處而慌張。上次住在公立庇護所的經驗太差，太多人擠在同一間，有個北歐人的鼾聲實在令人不敢領教，我猜整間房的人都沒睡好，想試試別家看能否睡得安穩些。晃到主教堂前的一家庇護所，走進去一面 Booking.com 評價九．二分的招牌相當顯眼，布置又很新，當下決定落腳於此。他們讓我住在一間有十人床的房間，後來也沒有其他朝聖客入住，相當於用十七歐元包場。

朝聖客在路上有很多禮遇，除了拿著朝聖護照可以住便宜的庇護所外，參觀教堂也都有特別的折扣。我參觀了主教堂，又遇到五位可愛的法

‖ 主教堂前的庇護所。

‖ 五位經常一起旅行的法國媽媽。

國媽媽。

跟蘇西分開前才跟湯姆士（Thomas）道別。在我肚子餓又找不到伴一起吃東西的時候，湯姆士出現在街上，他也正在找食物，真是來得好不如來得巧，在這條路上就是這麼神奇。我們找到一間酒吧開始第一輪竹籤小點加白酒。

湯姆士是很虔誠的天主教徒，也是具有希臘血統的美國奧客帕克（Oak Park）人，最近長住在印尼的峇厘島教人浮潛。他年輕時在美國上過卡內基訓練課程，這是我們之間的一個共通點。

這天直到晚上九點前，我們共換了三間酒吧，期間他跟我分享他如何倚靠上帝，即便辭掉工作，不知道下一份工作在哪，但他一點也不擔心，全然相信上帝會預備他所需要的一切。

我問他這股信任感哪裡來？他如何知道上帝就是會幫他？難道他自己都不用做什麼努力嗎？他說他唯一要做的就是跟上帝保持緊密的關係。如果是上帝要我們服事，他就會引導我們，不用花太大的力氣就可以成就那件事。

會有這麼好康的事嗎？雖然我是基督徒，聽到這裡我還是半信半疑。

我知道自己不是真正的上帝追求者，甚至也不常去教會。一直覺得跟上帝很有距離，對《聖經》的教訓也一知半解。我一直憂心未來，煩惱

‖ 湯姆士。

自己是否在正確的道路前進。年輕的時候擔心沒有結婚會不會晚景淒涼，如今年屆不惑還在擔心下一份工作，時時懷疑那些想做的事會不會從理想變成空想……

嘿！怎麼一堆「我」、「我」、「我」？如果我滿腦子都是自己，即使上帝有大能，都沒辦法擠進我這間因為堆積太多長期煩惱而變得毫無餘裕的心房。正如湯姆士所言，我應該將自己全然交託，順應上帝在生活中安排好的指示，盡我所能即可。擔心不會有終點，更不能成事。

這是一個好的開始。我沒有充滿戲劇性的幡然悔悟，歷經整個下午的反思，我仍然疑多於信，但我開始試著卸下一點心中的重擔，思考的重心已經跟之前不太一樣了：也許我要成就的事本質很單純，過程很簡單，但是我想的太多，而行動太少，精力都被焦慮消磨殆盡，哪裡會有收穫？我要相信來自上帝的珍貴禮物其實唾手可得，只是我懶得伸手。

後來，我跟湯姆士只在布爾戈斯主教座堂（Catedral de Burgos）短暫巧遇一次，我們沒有再像今天這樣深入交談，但是這段往事卻衝擊了我內心的信仰。湯姆說他想要寫一本關於信仰的書，然後到處演講傳揚這份信念。我問他為何不在教會工作或成為牧師，他回答得很快：他愛女人！由於神父必須終生獨身，我猜他對婚姻還有盼望，無法持守獨身一輩子。

晚上九點左右跟湯姆士分開後，走在街上沒多久就感到不勝酒力，剛剛分明沒感覺，怎麼後勁這麼強，一下子我眼睛已經快睜不開了。幸好餐館離庇護所不遠，接近庇護所時，遇到一男一女坐在門口，男生一直看著我。

走近一點看才發現那個人好像是英國人史諦棻（Steven），怕認錯人，我還刻意張大眼睛很是努力地看清楚他的面孔。因為我們只在兩天前短暫同行，而且他人高馬大，腳程很快，遇上他的機會很小，所以我沒想過會再遇上他。

我小心翼翼地問：史諦棻……是你嗎？

他說：是我！

我說：你怎麼會在這裡？

他說：我有寫e-mail給你啊，告訴妳我會在這間庇護所等妳，但是妳都沒有回！

我說：我沒有收到你的e-mail啊！

旁邊的德國女生聽到我們的談話跳起來開心地一直笑，我想他應該提過，正在等一個沒有回他e-mail的女生，結果被他等到了。後來我跟史諦棻走了整條路，直到號稱世界盡頭的菲斯特雷角（Cabo Fisterra）。

在同一個城市，回憶裡這一幕幕就像電影場

景，不停輪轉，每次進城自己就進入某個故事，上演不同的情節，而老城區的建築古色古香，巧妙架構了每一場故事的華麗背景。

III 聽說很不友善？請放心，這條路接受你的一切。無論是外表……

此時我正比手劃腳跟庇護所的櫃台人員問路。

在他的眼裡，我的額頭上應該有寫「New pilgrim」（菜鳥朝聖客）字樣。朝他食指所指的方向看過去，我找到了黃色箭頭，代表朝聖之路由此去。這些箭頭會指引朝聖客通過市中心到達主要教堂，再指引他們出城。累積這幾年攻略不同路線的經驗，這條法國之路可說是所有路線中，指標最多、標示最清楚的。朝聖客一旦迷路，科技一點的用Google Map導航，另一個方式就是回到上次看到的黃色指標，再摸索出正確路徑。特別是之後在葡萄牙之路上，無人可問又沒網路時，這個方法多次讓我重回正軌[1]。

出城不久，我遇到雅文（Arwyn）。她是美國退役軍人，學過中文。碰到我時顯得很興奮，終於找到機會練習中文的那種興奮。她告訴我要用兩個月時間走完這條路，這樣的節奏跟我只有一

1 也有朝聖客說蝴蝶會帶路。我也有過這樣的經驗，迷路以後，眼睛循著蝴蝶優雅的飛行路徑，竟讓我重新看到指標，還蠻神奇的！

個月的時間，足足有兩倍的差距。她速度很慢，我也刻意調整步伐陪她慢走，期間她則是努力練習用中文與我交談。之前的工作讓我成為極佳的聆聽者，拼拼湊湊之後也算能理解她想表達的意思。我們一見如故，像認識多年的好姊妹，你一言我一語，緩慢但真切地分享著彼此的故事。

出了潘普洛納，進到這片壯闊的風景。接近寬恕之峰（EL Perdon mountain range）[2]前即可看到一排白色的風力發電機。這是納瓦拉（Navarre）自治區所建造的第一座風力發電廠，目前是永續能源的世界先驅，擁有四十個渦輪機，蔚為勝景。發電機就在朝聖之路旁，靠近觀察很像巨大的竹蜻蜓，豎立、延伸，勾勒出整座山的輪廓。

雅文待人隨和，一路上任何人她都可以攀談幾句。要說搭訕聊天，我雖也能聊但比較有所選擇，會先觀察交談的對象，不是來者不拒。雅文反而沒有這樣的分別心，她總是一視同仁。

她住宿的習慣是停留在小城鎮，因為人少，住起來也比較舒服，這反而可以看出她有所堅持與孤僻的一面。跟她住上一晚，讓我更能了解她堅持留宿小城鎮的原因。

2 寬恕之峰海拔約七百七十公尺，北望可見潘普洛納和庇里牛斯山，南面則是盛產穀物，歷史悠久的中世紀村莊。山頂上立著鐵鑄的「朝聖者紀念碑」，形象是十四位真人大小的朝聖者剪影，有一個詩意的稱號：「風之徑與星之路於此交會」，它代表了在不同年代，朝聖者隊伍形式的歷史演變。此處距離終點聖地牙哥還有七百公里。

‖ 寬恕之峰上的朝聖者剪影與風力發電機。

我和雅文第一晚留宿的庇護所。

比起在潘普洛納鼾聲震耳的一夜，這晚實在太舒服了！不到十人入住的小庇護所，擺設古樸簡單、乾淨整齊。主人年紀約莫七旬，拿著我的朝聖護照緩慢地登記資料，然後抬頭看了我一眼，說我應該是入住這裡的第一個臺灣人。他緩慢搬出幾本紀念冊，是他提供給朝聖客寫字留念的筆記本。我們跟著他翻找，本子上有各國語言，屬於亞洲區的有日文、韓文，甚至簡體中文，就是沒有繁體字！他微笑著看著我，感覺像是發現新的人種，交代我明天離開前一定要在本子上留言給他。

這裡有說不上來的寧靜感。從進門的那一刻

看到緩慢但閒適的主人開始，即使沒人警告我們不可大聲喧嘩，我跟雅文卻很自然而然地輕聲交談。主人說我們可以在二十多個床位中任選自己喜歡的位置，我和雅文都很珍惜這樣的自由。房間緊鄰高牆圍起的小後院，可以晾衣服。院中有一棵小樹，讓朝聖客可以在日光充足的白天，舒服地坐在樹下曬太陽、看書。比起臺灣的忙碌生活，能悠閒地曬曬太陽，取書閱讀，網路衝浪，可說是極奢侈的享受。這天是我正式上路的首日，但我感到自己是一個富足的人，因為我竟然可以做這些奢侈的事。

放好背包後，雅文堅持要吃一頓大餐，慶祝我的第一天。這個村落很小，只有一間像樣的酒吧。雅文會一點西班牙文，為我們點了朝聖餐[3]。村莊街道上行人幾乎絕跡，倒是酒吧裡頭聚集了好多上了年紀並穿戴整齊的人，讓整間酒吧有點像臺灣的里民活動中心。西班牙人一般在晚間九點用晚餐，此時正值傍晚六點，只有我跟雅文在吃飯，他們大概也知道我們是朝聖客，倒也見怪不怪。

酒足飯飽後，回到庇護所。由於我們倆人對

3 所謂的朝聖餐，顧名思義是為朝聖客設計的餐點。其實就跟臺灣的套餐差不多，費用約十歐。內容通常包括前菜、湯品、主餐、甜點及喝到飽的紅酒。運氣好還有機會吃到很道地的，由老媽媽掌廚的在地家常菜。

於走完路程的天數安排差距太大，隔天絕對無法同行，她體貼我在路上的需求，在我的旅遊書上認真的寫下幾句常用的西班牙文問句，一邊寫還一邊教我唸：

where is? / Donde esta?（哪裡？）

Wifi? / Tiene wifi?（有無線網路嗎？）

老實說，此時我還在內心盤算，明天就要分開嗎？不分開難道不行嗎？

明知無法與她同行太久，我還是捨不得離開她，隔天依然陪著她緩慢前進。我發現，放慢速度更可以細緻品味沿途的風景。我是急性子，聖雅各似乎透過雅文的步調提醒我，調整內在速度與外在腳步。一開始這樣的提醒我沒聽進去，待我走完整條路時，才驚覺這緩慢的力量有多巨大。

每天一步又一步，只要持續不間斷，就可以走完全程八百公里。看似很遠、很難完成的一條路，經過無窮的小小的累積，竟然就走完了！因此「緩慢」、「持續」，每天一點一滴，最後的能量往往非常可觀。這大概是使用高速交通工具，快速到達終點的人，很難有的體會。

晨曦把我們的影子拉得好長。雅文跟我提過她一直不滿意自己的外表，她開玩笑說，要是

‖ 我和雅文的影子。

她可以像我這麼瘦就好了，言語中難掩遺憾與無奈。我不覺得她的外表有什麼不足之處，實際上我更欣賞她開朗健談的個性。她很有愛心，看到小蝸牛爬到路中間，怕被路人輾過，她會一隻隻抓起來，輕輕放在旁邊的草叢。剛開始我覺得這麼做有點犯傻，但我後來明白這顯示出她對生命的尊重與愛惜。

我陷入沉思，有多少人真正喜歡自己的外貌？小時候甚至整個學生時代我都不喜歡自己的長相，三十歲之後才真正接受。隨著年齡與知識累積，我知道自信不是建立在外表，而是對內在自己的接受度。隔了一會兒，我決定告訴她這一、兩天來對她的觀察，還有我欣賞她的地方。她聽完以後狐疑地問我：「是嗎？真是這樣？」眼底有些羞澀，同時煥發我未曾見過的光彩。

沒多久，我看到第一朵罌粟花，花瓣上的露珠正折射著晨曦。我在莫內的畫中認識它，是我最愛的花種，一直期望能在路上看到，沒想到才第二天，我這個小心願就實現了！

前面的城鎮是雅文今天的落腳地，我多麼希望能與她同行。進城時我們遇到從葡萄牙來的小男生——貝利浦（Pelipe），他看起來像高中生，感覺人很開朗。經過一番簡短交談，雅文建議我與他同行。原來她剛剛在判斷這個人是否值得交託，連他自己都不知道已經通過測試，彷彿得有人繼續陪伴我她才可以放心跟我分開。

後來我都沒能再遇到雅文。當時在路上偶爾幾次用臉書告知彼此的進度與狀況，由於我們都把精神專注在這條路上，雖然掛念但真正聯繫上的機會不多。她倒是真的用兩個月的時間走到終點聖地牙哥，隨即轉往東歐國家喬治亞（Georgia）。這個國家緊鄰土耳其東邊國界，釀酒的技術聽說有八千年歷史，馳名世界。雅文加入當地的某個團體，與十四個人共同生活，學習製作傳統手工藝，像是耳環、項鍊，學習歌舞與坦布爾（Panduri，土耳其最主要的傳統樂器之一）。

‖ 來自葡萄牙的貝利浦。

那段時間她整天都要跟十四個人緊密生活，沒有私人空間。我初初認識雅文，她就曾經跟我提過她是個緊張、神經質、容易焦慮的人，對自己非常挑剔。那幾天，她一度因為情緒高漲，在大家面前崩潰大哭。重新回顧她的這段旅遊經驗，我才了解這樣的感覺我也曾有過。

當我自己開始密集地帶領其他人走這條路時，每當行程結束，我的心情就會莫名其妙地沮喪起來。過程當中雖有一些團員的小狀況，但也沒什麼大礙，都也很順利處理完了，但那段時間確實也像雅文一樣，跟一群人緊密地生活，沒有私人空間可以適度轉換情緒。回來以後，我花了好長一段時間調整與排除這樣的情緒，一旦調整好，又想要再帶人上路。我想這樣的負面情緒在任何一種緊密關係中都會發生，所以可以保有私人空間與適當距離似乎是一段關係中，常保新鮮的訣竅了。

來臺灣找我是雅文的旅行計畫之一，我一直默默期待著在島嶼重逢的那一天。

IV 或是年齡、職業、身體狀況……

臺灣的孩子十八到二十二歲之間都在做什麼？

我在路上遇到幾位年輕人，都在這個階段揹起背包展開一趟未知、甚至接近苦行僧的旅程。大部分的時候他們都是獨自旅行，不知道臺灣有幾位家長能捨得放手讓這個階段的孩子來一趟這樣的旅程？

貝利浦才十八歲，媽媽是位醫師，贊助了他一些旅費。後來為了證明他可以靠自己走完全程，

當年，勇敢走上朝聖之路的貝利浦才十八歲。

就把媽媽的資助都寄回家。身上揹著簡單的衣物與一頂簡陋的帳篷，一路待在自由捐獻的公立庇護所，否則就搭帳篷露宿星空之下。先前提到雅文想把我託付給他，但其實我可以自己走，只是不好辜負雅文的美意。

我跟著他走了半天，得知遇到他之前，他已經從法國開始，長途跋涉超過四十天，而且要一路走到終點聖地牙哥，然後再往南走葡萄牙之路回到里斯本（Lisbon）的家。他預計趕回里斯本參加哥哥的生日派對，所以腳程很快，快到我得小跑步才能跟得上。

我們邊走邊聊，他跟我說想當廚師，因為他很喜歡大家聚在一起的感覺，而食物正是聚集大家的良好媒介，他想在旅程結束後回到學校，選修一些廚藝課程。我發現他會講多國語言，他說他對學習外語也很有興趣，很多外語都是他在旅行中學到的。

今晚他想在一間隨意捐獻的公立庇護所過夜，我因為沒有太多經驗，擔心免錢的會不會太糟糕，實際情形則是遠比我想像中好得多。除了沒有wifi，其他都讓我非常滿意。床鋪乾淨，而且沒有過多床位，不用忍受打呼聲。有廚房可以煮東西，甚至可以使用之前朝聖客所留下來的食材。貝利浦一到達就先看廚房，覺得滿意極了。

傍晚前他很熱情地跟大家說他要煮義大利麵，歡迎大家一起用餐，我們就在庇護所外葡萄藤下的長桌備宴。貝利浦用廚房僅有的食材煮了一大鍋義大利麵，幾位朝聖客帶了酒與長棍麵包，其他人也拿出自己的食物加入我們，人慢慢聚集，餐點也逐漸豐盛。

貝利浦看著我說：「凱莉看吧！我把人都聚集過來了。」今晚他讓來自不同國家的朝聖者變成了一家人。我在這裡遇上西班牙婦女蘿菈（Lola），她做的沙拉好吃得不得了。新鮮酪梨切片加上新鮮蔬菜，最後淋上橄欖油、紅酒醋跟鹽巴調味。這盤沙拉擄獲了我對她的好印象。我們的緣分一直持續到一起在終點聖地牙哥進教堂朝拜，沒想到今晚竟是我們情誼的開始。

貝利浦在這群朝聖客中年紀最小，但每個不同年齡層他都可以攀談。他讓我想到真實故事改編的電影《阿拉斯加之死》（Into the Wild）中的主角。這是一部描繪大學優等生畢業後追尋生命意義的故事。他帶著一把槍、一部相機、一本野外生存指南，在荒野中求生，是一部叩問生命與靈魂本質的故事。

貝利浦因為身上所擁有的很少，一路走來他也發展出自己的一套求生機制與生活方式。他說他所學到的最重要的事就是分享，唯有分享能帶來真正的快樂。這也跟電影主角最後誤食有毒植物，身亡前對生命的體悟不謀而合。貝利浦沒有看過這部電影，卻體會出幾乎雷同的意義。

我有一個藍色輕量的腰包，斜背在胸前，專門放護照與其他貴重物品。有一回帶朋友在方舟（Arca）的餐館用餐，我把腰包往椅背一掛就忘了。正式用餐時因室內有空位，服務人員幫我們往內移動，我一點也沒察覺腰包不在身上，直到臨近用餐結束，服務人員拿著腰包到處詢問，我才發現居然把這麼重要的東西丟在外面。丟了之後我沒有察覺，還傻呼呼開心吃了一頓，在我要付帳前腰包竟然巧妙出現，只能說我實在是傻人有傻福。

隔天天一微亮，我們就啟程步行。當時路上沒有太多朝聖客，有一個女生看到我胸前的腰包跟我說：原來這個腰包是妳的，昨天我撿到它時打開發現裡頭有護照與現金，我心想主人一定很緊張，緊張得請服務生趕緊問問是誰的。我訝異得不得了，昨天的服務生並沒有告訴我是誰撿到的，所以我沒到外面跟她道謝，我馬上跟她說謝謝。

她是一位義大利跟西班牙混血的女生，名字是葛珞俐雅（Gloria），跟著父母居住在義大利。一身勁裝簡潔俐落，感覺是個有條不紊的人。從

‖ 拾金不昧的葛珞俐雅。

她的氣質我大膽猜測她應該來自一個教養不錯的家庭，而且很受家人的保護與照顧。我跟朋友們的步行習慣是走一小段路後再吃早餐，這次為了謝她，我邀請她與我們共進早餐。她一開始很客氣地婉拒，但我跟她說：昨天還好有她，其實我沒有察覺腰包遺失，所以一點緊張感都沒有，反而讓她替我心急，今天我們又巧妙相遇，一定要給我機會表達謝意，她這才欣然同意。

她當時就讀大二，一個人走了全程的法國之路，今天即將走到終點。我問她為何會安排這樣的旅程，她說她想獨立完成一件她認為很困難的事來證明自己的能力。她的家人確實把她保護得很好，有時她會懷疑自己的能力。這趟旅程下來，她笑容燦爛地說她確實做到了，對自己也更有自信。她最後溫柔中語帶堅定地說，往後大概也沒什麼事情可以難得了她了。

我又問她，家人難道不擔心嗎？她說她在路上度過她的生日，生日前他父親開車一路從義大利來西班牙跟她會合幫她慶生。父親一回去，男朋友就接棒過來陪她，所以她說自己好忙，一點也不孤單。我的朋友問她，自己一個人走，一點也不擔心安危嗎？她有自信的回答：當然。但她始終保持機警，眼觀四面耳聽八方，以確保自己的狀況無虞，其他的就不用太過擔憂了。

我看著這位美貌與智慧兼具的女孩，心裡想著，年輕的時候她就有這樣的經驗實在寶貴，「獨立」在她身上可以看出更深的涵義，應該是情感上可以不倚賴人，而能順從己心完成想完成的事。因為不倚賴，也就能更悠遊自在。獨立能在判斷事情時不優柔寡斷，有自己的獨特見解，在處理事情時也就能更豁達。

塔哈（Taha）是摩洛哥裔加拿大人，他申請了一所加拿大頂尖大學的醫學院，剛接到入學通知，是一位準醫學院學生。我在起點聖讓皮耶德港的麵包店遇到他，當時人在法國境內，但我不會法文，麵包店裡的人聽不懂我的問題，他及時跳出來幫我翻譯，讓我買到想要的麵包。其實在路上遇到這樣的語言狀況，求助於旁邊的人，只要能力所及，他們都很願意幫忙，只是塔哈在我還沒開口就先伸出援手，這讓我對他懷抱感恩並且對他的急公好義印象深刻。

過程中遇上他幾次，但真正有機會深談已經走到了終點聖地牙哥。我很驚奇又再遇上他，先問他是否一切都好？他說在路上發生意外，刮傷了腳，流了好多血。他看到血昏了過去，才知道自己可能有恐血症。起初他很沮喪，畢竟這跟他即將要唸的科系衝突實在太大，怎麼可以立志行醫救人卻見血就暈！他一直思索，若無法行醫

║ 對調酒有特殊品味的塔哈。

救人，還有什麼科系也可以成就相同的事？他最後想到了心理系。當心理醫生也可救人，尤其他擅長聆聽，也喜歡幫助別人，好處是不用動刀見血。想通之後他豁然開朗，像重生一樣，直呼這趟旅程對他實在太重要了！

班恩（Ben）是荷蘭來的大男生，戴了一頂刺有「龍」字的鴨舌帽。我在庇里牛斯山上於阿爾西茲的奧瑞森（Orisson）庇護所前遇到他，他沉穩自在的氣息感覺不是第一天上路，因此我先開口跟他打招呼。我說他帽子上的龍是我的生肖，他笑笑說：「真的嗎？」隨即想把帽子送我。才剛認識我不敢接受，但現在想想我當時應該留下帽子做紀念，象徵他面對身體疾病，並且勇敢對抗它的勇氣。

他說他的父親已經陪他全程走完法國之路，他覺得身體狀況很好，要他爸爸先回家，他再走回頭路。也就是說，我當時是出發的第一天，卻是他往回走的最後一天。我問他走了一千六百

‖ 班恩戴了一頂刺有「龍」字的鴨舌帽。

公里是什麼感覺？他說他更有自信可以掌控自己的身體。我問他：怎麼說呢？他說他其實患有一種名為「慢性疲勞症候群」（Chronic fatigue syndrome），又稱為「肌痛性腦脊髓炎」（Myalgic Encephalomyelitis）的疾病。這種病的症狀是身體會無時無刻覺得很疲累想睡，卻怎麼休息都無法恢復。他已經修學在家休養快兩年，不想只是待在家裡睡覺，踏上這條路是想知道能否把自己的身體訓練得好一點。

我這才了解他剛剛說「更有自信掌控身體」的意義。這個決定對他來說是百分之百的正確，他不再整天昏昏欲睡，也更能控制自己身體的能量，並能適當調節精神。若不是他自己提起，我實在很難察覺他有這樣特殊的慢性疾病。走完朝聖之路，他終於在休學兩年後重新回到馬斯垂克大學（Maastricht University）就讀。他原本主修歷史，因為兩年來周旋在醫院、醫師、醫療保健之間，他希望能了解更多這方面領域，所以轉而修習健康科學（Health Sciences）。

回到真實生活，某些舊有的習性還是會回來，甚至失去在路上得到的正面能量，但是他會提醒自己，正如之前在路上每天只是簡單重覆步行一樣，一步一步的重覆，直到他想到的地方，一點一點地慢慢調整，終究也能達到他要的樣子，「緩慢」、「規律」與「重覆」反而帶給他實質的力量。

有一回我要去高雄一所大學演講，我問他，以他艱辛走過的這幾年經驗，他會給年齡相仿的大學生什麼建議？他說：朝聖之路最有價值的是放鬆自己，在這裡可以清理思緒，不會有人給你批判，無論是誰都可以做最真實的自己。我想對他來說，能清楚知道自己身體的極限並且與它相處，就是接近真實的狀態。

這幾位年輕人都靠著這樣的長途旅程深掘自我，培蘊內在力量，我認為只有靜下心來觀照自己，才能更了解所謂的「自我」究竟為何物。

V 或者你的內心世界有多混亂……

我正走在望不到邊際的曠野，突然理解德國電影《我出去一下》[4]裡，走上朝聖之路的男主角心境。他從德國出發開始，直到踏上了這條路，都還不斷問自己到底在幹嘛？為什麼這麼瘋狂？到底能不能走完？電影中有一個鏡頭是他身處山路，看著遼闊的野原。那一幕沒有刻意安排的內心獨白，只有他一人邊走邊啜泣。從那一刻開始，他似乎更能接受自己，更勇敢做他想做的事（像是勇於出面幫朋友解圍，或者不在乎別人怎麼看待他……）。我能體會那一幕，因為我今天的處境就是如此。

貝利浦走得飛快，都快到看不到他的身影。前後的朝聖客離我很遠，讓我得到短暫的獨處時間。此時我的內心再度出現消失許久的自我質疑：

4 本片改編自德國喜劇演員作家哈沛・科可林（Hape Kerkeling）的同名暢銷小說 Ich bin dann mal weg，英文片名為 I'm off then。主角是年屆四十的脫口秀演員，平時埋首工作，忽略身體的警訊，某次表演到一半竟昏倒在舞台上，讓他決定改變生活方式。他在書店邂逅一本以「朝聖之路」為主題的旅遊書，沒有經過任何體能訓練就決定踏上旅程。他在路上遇見各式各樣的人物，自己也不斷回顧過去。電影穿插剪接的幾段童年小事件對他後來產生深遠的影響，也終於放下心中的陰影重新接受自己。是一部不那麼沉重，卻帶出了內在療癒過程的影片。

我在幹嘛？
走完又如何？
我為什麼要大費周章惡搞自己？
為何我到現在還是獨身？
難道我有連自己都不知道的心理議題嗎？

就在疲勞達到臨界點，這些聲音突然安靜下來，出現另一個微弱但清晰的聲音：
「要愛自己。」
幾乎像是長期在講台前授課而得來的本能反應，我迅速反擊：
「什麼？愛自己？我還不夠愛自己嗎？辭了

‖ 一路好像沒盡頭的曠野。

工作放下一切，還給自己三個月來歐洲，這不算愛自己嗎？……」思考突然在此中斷，我愣了一下。

一直以來我總是習慣自我否定、質疑。上完每堂課程我會自問：「今天的課帶得夠好嗎？學員有收穫嗎？」發生工作上的人際衝突我會自問：「是不是我的態度有問題？」無法好好經營一段感情我會自問：「是不是我不夠好？」在講台上一直教導別人要愛自己，回過頭來自己從來沒有真正做到。以為對自己好就是想要什麼就買什麼，滿足自己的物質慾望，原來這都稱不上真正的愛自己。

一步一步往前移動，腳踏實地走在這個曠野，我在自己最不需要外界物質的時候，才有所領悟：所謂的「愛」其實是「接受」，不是以前理解的指向我之外的動詞，更不是假裝理性的自我批判。如果不能全然接受自己，怎麼有能量去愛別人？

我哭了……才第四天，哭點低到自己都不敢相信。本來還壓抑著只流眼淚，看看周遭都沒人，才放心哭出聲來（真是夠了，我究竟有多壓抑啊！），同時也開心地笑了。很多人說，走這段路要一個人完成，我想就是要如此赤裸才能直面自己，進而修復自己、調整自己。人一麻木起來沒有盡頭，以前都在瞎忙，根本沒有時間停下來思考，已經落入言行不一還不自覺，每天上班都能義正辭嚴地告訴別人處世之道，學員們受到啟發，由衷想要起而執行，整間教室裡我可能是唯一做不到的人。

我們來到這個臨時休息站，貝利浦看到我不對勁，關心問我怎麼回事。我說我哭了，他馬上擁抱我，帶著自責的口氣說：「是因為我沒等你嗎？」我回他不是，又忍不住在其他人面前哭了。旁邊有兩位加拿大女士蘇珊（Susan）、珍妮佛(Jennifer)，蘇珊用著大大支持的笑容對我說：「哭很好！盡量哭出來，就像要把內心洗乾淨那樣哭吧！」其他人也拍手歡呼，給我鼓勵，我才破涕為笑。

‖ 朝聖路上的臨時休息站。

上路後，蘇珊停下來與我交談。原來我們的工作很相似，她也是位訓練師，處理人的問題，很能理解我內心的煩亂。我問她為何來此，她說她是單親媽媽，生活充滿不足為外人道的艱辛。現在她的孩子都已經能夠自立，於是想在身體還健康，腳還走得動的時候完成這趟旅程。本來女兒也想跟來，當下被她拒絕。她想要一個人專心走完全程，不想路上還要照顧女兒。她說：「人時常活在未來，而非當下。」這句話我也以前經常聽到，然而此時的我可能因為剛剛哭過，內心格外平靜，平凡語句的不凡意涵似乎更能深刻烙印在我的內心，我默然同意，不多做回應，靜靜地想著我同時學到的

‖ 兩位加拿大女士，左為蘇珊、右為珍妮佛。

兩項重要人生功課：接受自己與活在當下。

我要重新接受什麼樣的自己呢？

我得接受自己，即使一再面對相同的人生功課，也會因為學不會而一再犯錯。我不再追問自己為什麼老是失敗，而是看到自己的付出並且肯定自己的努力，雖然結果總是不如己意，但一定有些收穫。我不要因為失敗而全盤否定自己，活在懊悔之中。我很急切，急著看到成果，急著成就自以為的好事，急著達到一定的目標，但很多事情越急反而越糟，還讓自己的情緒劇烈波動，無法冷靜地處理它們。我得學著不疾不徐，按部就班，踏穩腳下的每一步。我得接受自己學習新能力的速度很慢，效率很差（例如外語），但我就是得要每天持續練習，絕不輕易中斷累積的過程。

我又要如何活在當下呢？

不去預想未來可能發生的糟糕狀況，先把自己嚇住，而是專注在此時此刻自己能做的準備。先問自己，現在的我能做什麼，做到什麼程度，其他的事等發生了再說。旅程結束回到臺灣，我的內心時常莫名感到慌張，很擔心未來，擔心新工作無法順利推展，一路滑坡地想著自己餐風飲露的悲慘境況。事實上，新工作型態是我當時想轉換時的理想方式，能自己調配時間，學習新的技能，與客戶的關係更深厚，還可以將工作範圍拓展到歐洲。這一切都超乎我當時所求所想。走在朝聖之路，一切都很美好，但是回到真實生活，冰冷的現實迎面襲來，我依然必須跟它拉距、折衝、反擊、妥協，但我似乎更有能量與之對抗。

朝聖之路似乎有一種無形文化，或說特殊精神。朝聖客之間很有默契，彼此尊重，想一個人走時只要跟對方說一聲，就可以安靜獨行，不用任何理由，也不用擔心對方介意。

途中行經一處高地，這裡堆滿零散的小石頭，底下壓著紙張。朝聖路上隨處可見這樣的小石堆，此處的數量極多且壓著不同的紙片，有的是祝福的話語，有的則在訴說心情，大部分經過風雨洗

‖ 朝聖路旁堆滿零散的小石頭。

禮所以看不清楚字跡。有人說這些小石頭就像內心的重擔，也許是憂心的往事，也許是放不下的過去。在這裡放下石頭就代表放下內心那些長時間的鬱結，並誠心祈禱，希望聖雅各能幫忙排解。

在這一堆零散、字跡不清的紙片堆中，我找到一張因為裝在塑膠封套裡所以字跡還很清晰的信。這位不知姓名，不知國籍，不知性別的朝聖者，以感性深情的筆觸，寫信給後來的朝聖者。經歷前面從天而來的感動，我能理解這位朝聖者文字中所要傳達的愛，似乎也像在呼應剛得到的禮物。

我親愛的正前往聖地牙哥的朝聖者們：

我正在走去年走過的同一條路，這條路神奇而獨特，它幫助我打開我的心與眼，我想告訴你這條路如何影響我的人生。我學習到全然地活在當下，以珍惜生命最後一天的態度享受活著的每一天。我了解到最重要的是相信自己，不要害怕盡己所能拓展智慧。這條路給我勇氣去完成夢想，它讓我知道自己就是世上最重要的人，快樂活著絕非自私之舉。它讓我學到失敗有其意義，不但讓我提高個人發展，也讓我學習直接敞開心胸。

這條路讓我知道如何傾聽內在聲音，也讓我理

My dear pilgrims who go to Santiago de Compostela,
now I am going the same way as I went last year. This way is magical and exceptional. This way helped me to open my blind eyes fro[m]
ignorance but it opened my heart as well. I would like to express myself and tell you my experiences that influence my life. I learne[d]
to live my life fully, I enjoy every moment every second in my life as it is my last moment in my life. I realized how important it is
believe in yourself. Do not be afraid of going your own way to broaden your knowledge, be independent (do not wear chains th[at]
resemble accusation and incomprehension). The way gave me courage to fulfill my dreams, to think of myself as the most import[ant]
person in the world and that being happy is not selfish. The way learned me that every failure has its sense and it improves y[our]
personal development. The way learned me to be open-minded and direct.
The way showed me how important it is to listen to your inner voice, intuition, feelings
and emotion that never lie. The way showed me that the greatest secret in the world is
our soul, that God is everywhere and inside us as well and that every human-being has
his/her unique role and influence others souls. The way learned me to love myself
because then I can be able to love others.
But the most important thing is that it opened my heart to myself and it the direction I listen to and trust. Since I woke up and found myself I have started to spread seed of love not only during this way but every day in my life. I will compare it to nature where are flowers that grow thanks to seeds that are spread by wind.
Yes, some of the seeds are not placed on fertile ground and they do not grow/flourish.
But the question is – is it possible that some of them germinate and then shine day or change the life? It is really easy. Look inside you and love yourself fully, you can give conscious smile other people (this smile can shine whole day someone), you can give sincere praise, affectionate greeting, hugs, encouragement or just honest look into eyes other people and give someone feeling love and light.
And if everybody tries to spread seeds of love around the world (one is enough), nice beautiful field of love might be in the world. The field full of shining hearts. I think that you can begin now. This is the best chance spread the seeds of love. I wish that my words can help to shine our world and our souls. Beautiful day dear pilgrims! ☺

解直覺、感覺和情緒有多重要，這些東西從來不欺騙你。它讓我知道世上最大的秘密是我們的靈魂，並且證明上帝無所不在，存在於我們每個人最深的內在。每個人都有他獨特的角色，可以影響其他靈魂。它讓我學習到要先愛自己，才有能力去愛別人。

但最重要的是：對自己敞開，它會指引你去聆聽，去相信。自從我清醒並且找到自己，即使離開這條路，我也會在真實生活中的每一天中散播愛的種子，就像在大自然中，花藉由風傳遞一樣。

是的，有些種子沒有落在沃土上，無法成長開花，問題是是否它們之中有些則會發芽、成長、閃耀，進而改變生命？應該怎麼做其實非常簡單：照見自我並毫無保留地深愛自己。你可以給別人一個有意識的微笑（這個微笑可能照耀他一整天），你可以給人誠摯的讚賞，熱情的招呼、擁抱、鼓勵，甚至僅僅一個真誠的凝視，就能令人感受到愛和光。

如果每個人試著在世界上散播這愛的種子（只要一個就好），世界上將會出現洋溢著愛的美好田園。你可以從現在開始，此時此刻就是散播愛的種子的最好的機會。我希望我的文字可以照亮我們的世界，我們的靈魂。親愛的朝聖者，祝福你有美好的一天。

VI 這些有的沒的都會隨著步伐的累積漸漸剝除。旅途中遇到每一件事每一個人都是這條路的化身，都在告訴你……

‖ 美國退休警察戴納。

經過眾多朝聖客留言的小丘，我聽到背後傳來男人的歌聲。轉頭跟他說「嗨」，他拿掉耳機熱情回應我的招呼。他先問我從哪裡來，聊沒幾句我們就自然而然開始同行。他是戴納（Dana），美國聖地牙哥的退休警察，有深愛的妻子，四個孩子和十個孫子。問他為何來走這條路，他說他想要成為更好的人，可以跟他的家人表達對他們的愛。這對他來說似乎是個障礙，期望走完這條路以後可以輕鬆把愛說出口。

戴納為人風趣，就像典型的美國人，幾句話就可以讓我哈哈大笑。我愛上這條路的另外一個原因是，一走往往好幾個小時，交談因此得以更加深入。如果遇到對方也願意敞開心胸，半天下來將會聽到很多故事，也可從對方身上學到看待世界的不同角度，了解他們與我大異其趣的生活方式。

我們在一間酒吧休息，遇到兩位來自巴塞隆納的熱情女生，我只記得其中一位名叫卡門（Carman）。她們不會講英文，但是在這條路上，語言不通並不意味溝通必然受阻。從熱絡的招呼開始，配合肢體語言比劃一番，陌生人往往瞬間

‖ 兩位來自巴塞隆納的熱情女生。

變朋友。

我們一路走到里奧哈省（Rioja Baja）的洛格羅尼奧城（Logroño），這是大城市，四處可見盛放的花朵，市容極美。戴納早已決定停留此地，我則決定跟隨他。

遇到我之前，戴納就預訂了一間雙人房。這間庇護所[5]有兩種房型，可以多人共用一房，也有雙人獨立房間。很多人說，跟人睡在一起才算真正的朝聖客，戴納這種作為簡直可說是作弊。路上他說，我若不介意，房裡的另一張單人床可以讓渡給我，反正他錢已經付了。才剛認識，我不好意思立刻做決定，而且雖然我已經不是少女，但要跟男人共處一室也很考驗我的矜持。登記入住時他又問了一遍：「妳要跟一群老男人睡呢？還是只跟一個老男人？」

聽說這個城市以酒吧和小吃——竹籤小點（Pincho）出名，光是勞蓮街（Calle Laurel）的酒吧就超過六十家。之所以酒吧林立，是因為里奧哈省就是葡萄酒的故鄉，有大量的酒可供應。晚上六點，時間還太早，我們只找到一間已經開始營業的小酒吧，不然真想一家逛過一家。

5 庇護所類似民宿或青年旅館。朝聖之路上的庇護所分私營與公營，後者由西班牙政府管理。以多人同住一間為例，一個床位私營價格約十至二十歐不等，公營則約私營一半。戴納預訂的這間格局舒適又有獨立空間，因此價格稍高，約五十歐，老實說是我賺到了，為表謝意，兩人的洗衣費就由我支付。庇護所通常會提供洗衣設備，且洗、烘分開，各約四至五歐。

‖ 竹籤小點。

今晚終於可以好好地在安靜的小客廳寫日記，感覺寫完日記，一天才算結束。我以為戴納已經睡著了，隔天他才跟我說，直到我就寢他才真正入眠。隔天我們很早起，天還未全亮，戴納問我睡得如何，我說很棒，只是覺得膝蓋好酸。他給我三顆 Ibuprofen，這是美國的國民止痛藥。我以為是維他命，沒想太多就和水吞了，他還幫我在腳上貼透明膠布防止起水泡。一切準備就緒我們就上街吃早餐，然後滿足上路。

原本今天會是很棒的一天，因為昨晚睡得很飽，早餐也很豐盛。但上路沒多久，就在穿過大公園時，我開始打噴嚏與流鼻水，喉嚨也發癢。

起初以為只是晨起時的輕微過敏，但敏銳的戴納馬上察覺不對，說我可能得去就醫。我當時還說不用，因為我早上偶爾會這樣。沒想到越走情況越嚴重，呼吸急促，兩眼腫脹幾乎看不到路。當我身體狀況急轉直下，戴納立刻鎮定地說：「不好！不好！我們得叫救護車。」

接下來我甚至完全看不到東西，只聽到他攔住一個正在晨跑的當地人。幸好他英文不錯，戴納請他幫忙叫救護車。昨天遇到的那兩位巴塞隆納小姐也停下探問狀況，並且在旁安撫我。等待救護車的同時，有更多朝聖客駐足表達關切。當時我心裡並不害怕，因為我知道戴納正在盡全力幫我，不知為何我對他有強烈的信任感，同時也對驚動其他朝聖客而感到愧疚。今天我們走不了，這個意外也耽誤了他一天的行程。

大約過了半小時，救護車來了，隨同一位醫師與一位護士。一上車他們馬上幫我戴上氧氣面罩，脫去身上的衣服。他們用簡單英文問我的狀況，初步判定是藥物過敏，我這才回想起早上吃的那三顆 Ibuprofen。後來才知道，這是一種治療肌肉痠痛的止痛藥，在美國很普遍，不需要醫師處方箋也能買到。戴納沒料到我這麼巧就是對這藥過敏，而我自己也太輕忽，沒問清楚就吃了。當就這樣，生平第一次坐救護車的經驗獻給西班牙，戴納也搭上救護車陪我到醫院，當下我還只是想著：「慘了！這下醫藥費應該不便宜。」

被救護車送到洛格羅尼奧的 San Pedro 醫院，吊了點滴，大量排尿後我的情況明顯好轉。眼睛雖然還是很腫，但已經可以視物。我天真地以為可以立即上路，反正好像沒事了，卻被醫生強迫住院觀察一晚。我跟這個國家有什麼特別的緣分啊到底！好多人生的第一次都在這裡發生，難道是上天示警？

送到普通病房前，戴納一直守在外面，我請他先趕路，等我好了以後再設法趕上他。他說他不會丟下我，還反問我：「若今天角色互換，你

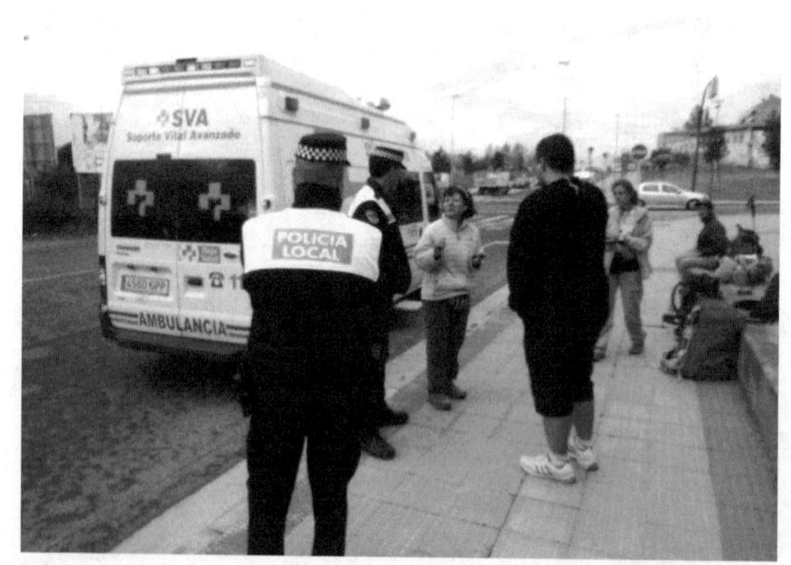

我正在救護車裡接受急救。

會不會留下來？」我說：「會！」所以他會陪我好了再一起上路，因為我們是朝聖家人（Camino family）。

留在醫院的那一晚，病房規格是單人房附衛浴，我將之稱為「五星級庇護所」。戴納回到城市，住進原來那間雙人房，庇護所女主人很訝異他不是一早就出發，怎麼又返回，戴納於是跟她說明原由。這一晚，我的朋友妮娜（Nina）從臺灣飛來西班牙加入朝聖路程三天。她與戴納聯繫上，停留在同一間庇護所。隔天來醫院接我前，戴納帶她去我出事當天去過的酒吧吃早餐，店員似乎微微愣了一下。戴納說他心裡應該在想，這個男人怎麼還在這裡，而且還跟著不同的亞洲女生！

出院當天戴納幫我問醫生，要去哪裡繳費？醫生說：「不用！」我有聽錯嗎？一毛錢都不用？他領我們到櫃台，小姐只影印了我的英文保險證明單跟護照，然後就說我們可以離開了。我問西班牙當地朋友，他說這可能是公立醫院對外國人的特殊保障，也有人說這是西班牙政府對朝聖者的禮遇。

我終於復活！三人一起搭計程車回到朝聖路上，再度啟程。

‖ 妮娜與戴納。

VII 那些都是次要的，唯一要做的是……

在阿給斯（Agés）的庇護所遇到荷蘭的布萊希特（Brecht）與英國的薇綺（Vicki）。我們三人常常分頭前進，卻總是先後入住相同的庇護所，偶爾會在不起眼的酒吧偶遇。沒有事先約好，但就是這麼巧，甚至同一天走進終點聖地牙哥城。

布萊希特退休前在荷蘭駐印尼的非營利國際組織工作，指導印尼人種植糧米果樹，改善當地教育環境，跟印尼有很深厚的情感。她說她在當地領養很多小孩，非常瞭解印尼的風俗民情。

‖ 阿給斯。

布萊希特。

晚餐時布萊希特一知道我從臺灣來，很興奮地說她去過臺灣。她曾造訪故宮博物院、看手相、喝臺灣茶、去熱炒店看老闆表演大火翻炒。一邊說還一邊活靈活現地表演火在鍋子上燒起來的樣子，她跟朋友們都看呆了，不可置信。餐館老闆娘還說一定要這麼煮才夠滋味！

我問她為何來走這條路。她說一生就是要走一次，沒有其他目的。

薇綺是我遇到的首位英國人，講話輕聲細語，非常溫柔，觀察入微，對人很感興趣。通常遇到陌生人都是我對他們感興趣，狂問問題，薇綺反而是第一個問我一堆問題的人。她問我為何來？在哪工作？尤其一談到卡內基，她就問我課程有沒有效？為何有效？我一一為她解疑，她覺得很滿意，說有機會要讓兒子去上。

當天晚上布萊希特、薇綺、戴納跟我四人同睡一房。那是我失眠得超痛苦的一夜。

全程三十天裡，我大概只有失眠兩次。第一次是在潘普洛納的公立庇護所，上層一位北歐人的打呼聲實在太可怕。不只是我整晚難眠，我猜那一整間的朝聖客應該都受到波及，整晚都沒睡好。第二次是在這裡。跟戴納同房多日，他晚上睡覺幾乎沒有聲音，但是這一晚不知道怎麼回事，他的鼾聲超大，讓我到凌晨兩點依然意識清醒。禍不單行的是，教堂鐘聲每半小時響一聲，整點就會根據時間敲響幾聲。我第一次覺得教堂的鐘聲有夠吵，不過當地人已經習慣，沒有知覺了。

薇綺大概也睡不著，輕聲喚醒戴納請他換姿勢，但還是沒用。外頭的鐘聲已經從十聲響到變成三聲，我想這樣下去不行，決定戴上耳塞。結果因為之前都太過好睡，嫌麻煩把它留在背包裡。我睡上鋪，戴納睡下鋪，掙扎了好久才不情願地起身下床翻找耳塞。下樓梯時不小心手一滑，我整個跌下床，還四腳朝天。看過烏龜翻過來的樣子嗎？那就是我跌下床的英姿。我的後腦勺撞上隔壁床緣，驚醒戴納跟薇綺，兩人都很緊張地問我有沒有事。

驚動室友讓我感到抱歉，雖然後腦勺痛得要死，還是一直跟他們強調自己沒事，內心則是暗罵戴納。前一晚我們跟兩位英國女士同房，其中一位半夜有點鼾聲，戴納隔天一早就直接告訴那位女士，她的鼾聲很大，請她以後最好選擇住私人房，以免影響大家。一路還一直稱那位女士「拖拉機小姐」（Tractor Lady）。我在旁邊聽到蠻尷尬的，要是我一定無地自容，但也驚訝這些歐美人處理人際問題總是這麼直白。畢竟打呼不是自己能掌控的，今夜換成戴納變成拖拉機先生，害我一夜無眠，心中的無明之火開始隱隱悶燒。

隔天戴納跟大家道歉，我想他心裡應該蠻不好意思的，薇綺跟布萊希特似乎已經習慣難免會遇到這樣的狀況，體諒地說沒關係，沒有半點不悅。後來在路上戴納又再提起拖拉機小姐，我馬上正色跟他說：「戴納，可不可以請你不要再叫人『拖拉機小姐』了！」他察覺我的不開心，才趕緊住嘴。這件事引出我個性上的一大缺陷，我無法忍受同樣的話一講再講，尤其是這種偏向負面的敘述以及不當玩笑。這是我的大雷區，會讓我無法控制脾氣大爆炸。因為這個摩擦，我跟他就漸行漸遠了。

半路遇到了薇綺跟布萊希特，他們已經選好在下一個大城布爾戈斯市（Burgos）住那間聽說剛蓋好的五星級庇護所。我聽了很興奮，馬上說要跟。戴納倒是反應很大，說他要去住旅館，馬上拿起他的旅遊書翻查，打電話訂房，隨即消失在我們的視線內，整個過程像是快轉的電影。戴納

‖ 抵達布爾戈斯市。右為布萊希特，左為薇綺。

的身影消失，我心中充滿遺憾，想著：「就不能好好說再見嗎？」

如此我與戴納分道揚鑣。因為來不及敞開心房跟他談論我的內心感受，途中雖然還碰到一、兩次面，我都刻意迴避交談，此後再也沒機會遇見。直到我回臺灣，事情也過了很久，記憶中慢慢只剩下他對我的好，我才鼓起勇氣重新跟他取得聯繫，我們最後還是互相道歉，言歸於好。

除了在路上有一段相互扶持的情份，戴納還在其他地方給我重要的推力。知道我正在走朝聖之路，臺灣的朋友就要我寫每天記下旅途過程的見聞與感受，但真正催逼我更新部落格文章在臉書上的其實是戴納。他說：

I think you should post your blog on the Facebook Camino group. People would be interested in reading it.（我想你應該把部落格網址張貼在臉書朝聖之路群組中。有人會有興趣讀。）

Why write about your experience if no one get to read about. That's why you write a blog, to share.（妳寫了經歷卻不讓人家讀到，這是所為何來呢？寫部落格就是為了分享啊！）

If just one person goes because of what they read, then your blog is successful.（如果有人因為讀了部落

格決定去走這條朝聖之路，妳的部落格就成功了。）

Just post a link to your blog and they can read what you have already written. Then each time you write a new post, post a link to Facebook Group。（快直接告訴大家妳的部落格網址，他們可以看妳的舊文，然後記得每寫一篇就跟大家說妳又有新文章了。）

我當時沒想過那麼快就要把部落格公諸於世，覺得有些害羞。過去十五年來，身為訓練師，我常如此催逼學員去做明明正確卻因缺乏勇氣而遲遲無法執行的事。沒想到這次竟是戴納把我逼到牆角！我如果再延遲，恐怕會辜負他的好意與用心，只好硬著頭皮公告部落格連結。

他推我一把的決心，讓我想起一部也是以朝聖之路上真人真事改編的電影——「I will push you！」。主角是兩位從小到大的好朋友賈斯汀（Justin）與派崔克（Patrick）。賈斯汀突然被診斷出罹患了退化性神經肌肉疾病，導致全身癱瘓。派崔克推著他走過五百公里的路程，最後成功到達終點聖地牙哥。他們的情誼非常動人，過程中雖然遭遇無數艱難，他們還是完成了這個不可能的任務。沿途朝聖客紛紛伸出援手，一起幫助他們克服困難，他們最終也到抵達目標，完成壯舉。

戴納此舉充滿「I will push you！」的精神，讓我認真面對寫部落格這件事。賈斯汀與派崔克美好的友誼，也在我與戴納之間延續下來。

我們共同經營一個朝聖之路的臉書社團：「心靈之旅·朝聖之路」。當時因為路上認識很多各國朋友，原本只是想透過這個社團聯繫彼此，沒想到臺灣這幾年大家開始關注到這條路，也有越來越多臺灣人加入。有時遇到不當的貼文，反而都是戴納在背後提醒我注意，並且跟我討論該如何妥當處理，並也不斷強調朝聖客精神，讓我常保朝聖客初衷。

有一年我想在某一處庇護所停留，當時我已經在路上，無法提前匯款給對方，戴納伸出援手，幫我從美國匯了三十五歐元給對方。我想把錢匯還給他，但他讓我代他保留這筆錢，有機會就提供給路上需要幫助的人。回臺灣之後，我特別回送了他象徵臺灣飲茶文化的伴手禮——一組茶具以及一包茶葉，現在的他也愛上了臺灣茶！

在路上我也一直延續著他幫助朝聖者的心，有時是金錢援助，有時是其他的實質行動。記得有一回我遇到了一行四位葡萄牙女士，他們把很重要的朝聖護照留在庇護所，上面滿滿都是他們沿途蓋的章，顯然這對她們而言意義非凡，一旦遺失她們一定心急如焚，最後我帶著朋友親自把這四本朝聖護照證書送到下一個城鎮，親手交到其中一位女士手上。看到她眼神裡的感動，讓我想起戴納，是他把這樣無私不求回報的助人精神傳遞給我的。

戴納又跟我分享這條路上的另一句名言「A tourist demands, a pilgrim is grateful.」（遊客總是有所求，朝聖者卻懂得感恩）。他舉了一個親身經驗：有一次他請旅館幫忙洗衣服，隔天早上當他拿到衣服，全部都還是濕的，於是他那天得穿濕襪子上路。但他沒有抱怨或提出其他要求，反而覺得自己有乾淨的衣服穿就該感恩。

我喜歡跟上了年紀的人交流，在他們身上處處都可學習到簡單卻蘊含豐富的人生智慧。戴納有他直接的一面，但其他很多面向都可察覺他的真摯與無私，其處世智慧更是足以成為我的表率。

‖ 左右前面各兩位，即遺留朝聖護照在庇護所的四位葡萄牙女士。

戴納的來信

開始著手寫部落格是戴納的點子，他說美國很多人經營部落格，最後集結出書。若我能把路上的經驗分享給臺灣人，鼓勵他們一生至少體驗一次這條路的美好，即使後來沒能出版，也是一件很有意義的事。我把他的建議聽進去了。

為了讓他也可以閱讀，我選擇谷歌系統的部落格，他翻譯成英文時比較方便。他是我文章的第一位忠實讀者，雖然谷歌翻譯無法百分之百準確，他還是會再認真讀過以後給我回饋。他是我開始寫作的重要推手，所以我邀請他用他的角度，分享他朝聖之路的經驗來鼓勵臺灣人。他欣然同意，並很快地完成以下這篇文章。

凱莉邀我寫篇訪客文章放在她的部落格，非常榮幸她常在文章中提到我，首先我得先說我的英語譯成中文有點不容易，但你看過就會明白我在說些什麼。

先做個自我介紹，我是戴納，六十七歲，已退休，住在加利福尼亞州的聖地牙哥市。我愛在美國和歐洲旅行。希望總有一天我能和妻子前往臺灣。

很多年前我得知朝聖之路，馬上就知道總有一天我會去。我對我的想法產生好奇，開始花很多時間在網路上讀部落格、觀看 YouTube 影片，

‖ 戴納。

參與相關論壇，同時透過朝聖客的部落格及各種網站資訊追蹤他們。我很著迷，開始有計畫地規劃自己的旅程。

最初打算在二〇一四年去，但因肩膀受傷而一路延到隔年才得以成行，沒想到竟然因禍得福。二〇一五年凱莉去走朝聖之路，我才能夠遇見這位不可思議的人。

經過多年規劃和數月培訓，我讓身體更加健康。四月，我從聖讓皮耶德波爾小鎮開始我的朝聖之路，開始了我穿越西班牙北部的旅程。我不打算在這裡訴說每天步行的細節，但我想告訴你朝聖之路對我的意義。

走完全程，到達聖地牙哥之後，我反思我的經驗。第一，我讀了很多朝聖客對這條路的種種經驗。許多人談到它是如何困難，像是山坡陡峭，很難找到留宿的點，身體疼痛還有其它各種原因。但我沒有遇到他們所說的狀況。我去之前做了很長時間的訓練，不覺得身體部分太困難。路很陡峭？是也沒錯，但我就緩步慢走。有起水泡嗎？有。但這點痛苦還不至於嚴重到讓我慢下來。至於找到停留的地方或事先預約住處，對我也不構成困難。

對我來說，當我獨自行走時，我持續反省的是自己的生活，以及思考如何改善我和家人的關係，這對我很重要。但走上朝聖之路的最大收穫乃是我在途中所遇見的人。這條路是一個真正的國際經驗，你可以結交來自世界各地，擁有不同背景的人。當你走在路上，你會很快認識跟你同類的人，每晚在當地酒吧吃點心、喝酒。這些人很快就成為你在這條路上的家人。

你會和他們同行，展開很長的對話，並且與他們同睡在一間有二十位朝聖者的房間。我曾經感到驚奇，如何在短短的時間（有時在幾小時之內），怎麼能這麼快就與朝聖同伴建立信任，分享私密的想法和感受。它很難解釋，但願意向他人敞開心胸，分享想法與感受，對我來說正是這條路上最美好的部分。我與一些朝聖家庭分享我最深沉的想法，他們也都願意真誠地跟我分享。它真是一個美好與充滿驚奇的經驗，我將永遠不會忘記。

那些見過的人，在我的生命中永遠有一席之地。我跟很多人保持聯繫，李恩（Len）、亞歷克斯（Alex）、伊莎貝爾（Isabel）、夏洛特（Charlotte）……還有其他人。有些人來過我家，我也拜訪過他們。然後是凱莉，隨著時間的推移，她已經成為我真正的朋友，我會永遠珍惜這份友誼。他們都是我生命裡頭朝聖家庭的一份子。

我想鼓勵任何想走朝聖之路的人，去吧，不要害怕。只要做好準備，你將不會留下遺憾。

and various other reasons. I did not find this to be so. I had trained for a long time before going and didn't think that the physical part was too difficult. Was the trail steep? Yes, but I just took it slow. Did I get some blisters? Yes, but the pain never became so severe as to slow me down. I never had difficulty finding a place to stay and at times made reservations a head of time.

For me when walking alone was time for me to reflect on my life and think about ways to improve my relationship with my family. That was important to me, but one of the best benefits was the people I met. The Camino is truly an international experience as you meet people from all over the world and from different backgrounds. As you walk along, you soon begin seeing the same people, day after day, and in the evenings at the local bar for refreshments. These people soon become your Camino family.

You walk with them, have long conversations, and sleep with them in a room with 20 other pilgrims. I was amazing how, in a short period of time, sometimes within hours, you could confide in your fellow pilgrims, your very personal thoughts and feelings. It's very hard to explain, but on the Camino there is an openness that one experiences, and that for me was the best of the Camino. I shared with some in my Camino family my deepest thought and they in kind shared with me. It was truly an wonderful and amazing experience, an experience I will never forget.

There are those that I met that will be in my life forever. I stay in touch with many, Len, Alex Kiersten, Isabel, Charlotte and more. Some have visited my home and I have visited theirs. Then Kelly, who over time has become a true friend, a friendship that I will always cherish. They all remain part of my Camino family.

I would like to encourage anyone who is thinking about walking the Camino, to do it.Don't be afraid, just be prepared. I know you won't regret it.

Letter from Dana

Kelly has asked me to write a guest post on her blog and it is only appropriate as she has mentioned me in her writings. First I should say that my English does not translate well into Chinese, but you will get the idea of what I am saying.

So, as an introduction, I am Dana, 67 years old, retired and living in San Diego, California. I love to travel, both in the United States and in Europe. Someday I hope my wife and I will travel to Taiwan.

I learned about the Camino many years ago and right away knew that someday I would go. I became intrigued with the idea and began spending much of my time on the Internet, reading blogs, watching YouTube videos and visiting forums. I began following people on the Camino through their blogs and postings on various web sites. I was hooked, and began making plans to make the journey myself.

Initially I had planned to go in 2014, but an injured shoulder prevented me from going, so I postponed the trip till the next year. That turned out to be a blessing in disguise as it was in 2015 that Kelly walked and I was able to met an incredible person.

After years of planning and months of training to get my body in shape, in April I started my Camino from St. Jean Peid de Port. I was off on my journey across Northern Spain. I am not going to go into detail here about my day to day walk, but thought I would tell you about what the Camino meant to me.

After walking all the way to Santiago, I reflected on my experience. First, I had read so much about the Camino and others experience. Many spoke of how difficult it was, that the hills were so steep, that it was hard to find a place to stay, their bodies ached

Ⅷ 全程跟自己對話，試著跟其他人交談，把感受哼成歌……

我在布爾戈斯我私自稱為五星級庇護所旁的酒吧，喝到美味的咖啡加牛奶以及抹上奶油的可頌，之後便滿足上路。薇綺去銀行提款要我別等她，我為了買長棍麵包也跟布萊希特分開[6]。

單獨出城後，在鄉野小路上再度遇到了這對可愛的德國老夫妻。之前第一次偶遇，我似乎很得太太的緣，講沒幾句話就拿著筆記跟我說：「這間庇護所很讚，一定要到這裡跟我們會合喔！」[7]我們還碰到了另一位美國老先生，三個老人家碰在一起，一句「Buen camino」[8]就開始比年齡。德國老先生、老太太分別是七十三、七十五歲，美國老先生鄂爾（Earl）聽完大喊：「我贏了！我七十九歲。而且我的腳還開過幾次刀呢！」這情

6 西班牙的長棍麵包很好吃，怕路上肚子餓可以先準備半條或一條，若附近有超市就再買個火腿，不僅可以隨時果腹止肌，補充能量，若遇到風景優美之處還可停下來野餐。

7 不少人（在部落格上面）問我：「這一路怎麼知道要住哪裡？」若手邊資訊不夠，其實朝聖者之間都會交換訊息，不知住哪裡，就跟著你喜歡的朝聖客一起住就對了。

8 「Buen Camino」是這條路上的共同問候語，有「一路順風」的意思。朝聖客彼此之間不會只是默默地擦身而過，而是用這句話祝福彼此，很多時候也因為這句話順利開啟話題，得以跟不同的人同行一段時間。

景實在讓我忍俊不住，馬上幫他們拍照留念。

鄂爾請我寄照片給他太太，順便向她報個平安。我照他吩咐發了電子郵件，先向他太太自我介紹，再說我們當時如何遇到彼此，最後說她的先生鄂爾一切平安。太太很快回覆，她說她很想念先生，看他似乎玩得很開心，心裡放心多了。我很敬佩美國人不分老幼都充滿冒險患難的不怕死精神，誰敢年紀一大把，腳還有問題，卻還來這種全程徒步數百公里的旅程？

與德國老夫妻分開後，很幸運地追上了薇綺。今天我們在海拔平均約八百公尺的梅賽塔高原(Meseta)上步行，兩旁主要作物是大麥和燕麥，

‖ 中間美國老先生鄂爾，左右兩邊德國老夫妻。

景象略顯荒蕪。薇綺跟我聊起她的家庭。她從小父母離異，跟姐姐、奶奶同住。雙親離婚後各自都有家庭、小孩。雖然聽起來有點複雜，但大家相處還算融洽。年輕時她已旅行很多國家，開過洗車店，還賣過冰淇淋、進口T-shirt、鑰匙圈。每樣都做得不錯，也賺了一些錢，後來在網路上認識現在的伴侶。好個精彩人生！

她溫柔建議我回臺灣也試試這樣的方法尋找另一半，她還強調我必須明確寫下自己能為對方付出什麼，以及希望對方給出什麼回應，但錢永遠不是優先條件。回臺灣後我沒有這麼做，因為我的心思已經不在這上面，但從她身上我倒是學到一點，若明確知道自己想過怎樣的生活並且採取行動，很快可以找到足以翻轉生活的方法。

我們在小烤箱村（Hornillos del camino）的庇護所——Hornillos meeting point停留，布萊希特也在這裡。這個村莊太小，沒有餐廳，庇護所也不提供餐點，附設的廚房倒是很新穎摩登。我們幾人決定煮東西來吃，布萊希特負責煮義大利麵，她手藝很好，醬汁真是一絕！薇綺把番茄、小黃瓜、橄欖切丁，加入橄欖油、胡椒稍微攪拌弄成沙拉。有人買酒和一些小點心加入我們。

每天行路途中總會遇到固定的人，因為彼此行進速度相仿，我們慢慢聚集成為所謂的「朝聖

‖ 朝聖家人。

家庭」。白天不會走在一起，但都會很有默契地停在同一間庇護所。我特別喜歡跟他們一起煮東西，可以吃到不同國家的料理，一天比一天期待跟我的朝聖家庭共度晚餐時刻。

另一次印象很深刻的餐會是在曼西利亞德拉斯穆拉斯（Mansilla de las Mulas）。這裡有一家公立庇護所，裡頭的義工是我見過最有趣的一位，十足冷面笑匠，拿著大鋸子走到院子裡問誰要鋸水泡，逗得大家很開心。當我需要毛巾，她就從倉庫裡找到一條乾淨的送給我，在她的辦公室買紀念品她也都給我折扣，讓人買得很開心。

幾乎我認識的朋友都不約而同住到這間庇護

所了，來自美國的珥瑪（Irma）廚藝精湛，今晚由她掌廚，煮了一鍋到現在我仍懷念不已的大鍋菜，我們全體像新年圍爐一樣聚在一起。荷蘭的彼得（Peter）就是在這頓飯後，完整地唱出他一路構思，改編自鮑勃·狄倫的名曲「Blowing in the wind」給大家聽。

從洛格羅尼奧城之後妮娜陪我走的那幾天就注意到彼得，這個男人總會出現在各個教堂裡，靜靜坐在最後一排，或許寫字，或許沉思，總是一個人步行。第一眼在某個教堂裡看到他時，我還跟妮娜說這個人好像電影「朝聖之旅」裡頭的醫生主角。然而他確實是位醫師，一位心理醫師。

已經退休的彼得有很多嗜好，喜歡健行、唱歌、彈吉他、寫書。之前寫過幾本心理教育與青少年教養的相關書籍，這趟旅程結束後他計畫寫一本書：A Taoist on the Camino（暫譯：朝聖之路上的道家信徒）。我很好奇中國有很多充滿智慧的名著，為何選擇以道家經典為主題？他說儒道是中國兩個最重要的思想流派，而道家思想特別側重討論人的天性，這一點在他學習過程中，始終給他深刻的啟迪。無論是書名或者彼得的解釋，我都覺得這樣的說法很是耐人尋味。

彼得不斷哼哼唱唱試著讓它更完整，他所改編的「Blowing in the wind」這首歌，唱出了我們在路上的共同經歷與感受。那一次在庇護所享用完珥瑪的美味晚餐，他自彈自唱這首歌時，每個人都很輕鬆融入他歌聲的情境中，偶爾莞爾一笑。歌詞中的情境大家都能體會，毋須過多話語，用眼神的交流就能知道彼此的心情。在那一刻，來自各國的人，雖然使用不同語言，長於不同文化，卻能像家人一樣，沉浸在彼得的歌聲中，珍惜彼此的陪伴。

每部電影都有主題曲，第一次朝聖之路的旅程也有一首具有總結意義的歌在我與我的朝聖朋友之間傳唱著。

荷蘭心理醫師彼得哼唱〈聖地牙哥之歌〉。

The answer my friend is blowing in the wind
我的朋友啊，這答案就飄在風中

The answer is blowing in the wind
這答案就飄在風中

How many times are we reaching a goal on our way to Santiago?
前往聖地牙哥的路上我們會達標幾次？

How many times are we stepping in a hole on our way to Santiago?
前往聖地牙哥的路上我們會跌倒幾回？

How many times are we saving our soul on our way to Santiago?
前往聖地牙哥的路上我們會拯救自己的靈魂幾遍？

The answer my friend is blowing in the wind
我的朋友啊，這答案就飄在風中

The answer is blowing in the wind
這答案就飄在風中

SONG TO SANTIAGO 聖地牙哥之歌

Melody: Bob Dylan, Blowing in the wind

Text: Peter van der Doef alias Rambling Pete

How many steps are needed to reach the city of Santiago?
要到達聖地牙哥城得走幾步？

How many friends will support us and teach on our way to Santiago?
前往聖地牙哥的途中會得到多少朋友的支持和教導？

How many blessings are given to each on our way to Santiago?
前往聖地牙哥的路上將蒙受多少祝福？

The answer my friend is blowing in the wind
我的朋友啊，這答案就飄在風中

The answer is blowing in the wind
這答案就飄在風中

How many churches are we passing by on our way to Santiago?
前往聖地牙哥的路上我們會經過幾間教堂？

How many birds hear we singing in the sky on our way to Santiago?
前往聖地牙哥的路上多少鳥兒會聽到我們直入雲霄的歌聲？

How many tears are we gonna cry on our way to Santiago?
前往聖地牙哥的路上我們會流幾次眼淚？

IX 用歌聲喚醒酣眠的靈魂。它說：生命的答案不假外求……

清晨走在海拔八百公尺的高原上，太陽尚未升起，大地籠罩在薄霧之中。綠油油的麥田像是罩著面紗，看上去有些迷離。沿路沒有太多朝聖客，四周異常安靜。緩步在唯一一條石子路，那種虛無飄渺的感覺，彷彿漫步雲端。隨著太陽漸漸攀升，薄霧下的景致也慢慢揭露，大地綠意盎然，空氣格外濕潤清新。今天的天空依舊藍得不像話，一旁是默默陪伴我的風力發電機。

薇綺昨天跟我說，我可以向聖雅各誠心求問未來的方向。趁著精神最佳，頭腦最清晰的時候，我開始禱告：

請求聖雅各指引，讓我走出自己的路。
請求聖雅各指引，讓我發揮職能，奉獻所長。
請求聖雅各指引，讓我找到神為我預備的工作，並以此榮耀神。

禱告完沒多久，我就在地上看到十歐元。撿起鈔券，往前問人是否掉錢。問到德國夫妻，老太太就說：「留著吧！這是聖雅各的禮物。」唔？

‖ 太陽尚未升起，大地籠罩著薄霧。

難道這是聖雅各在暗示我未來不虞匱乏？既然找不到失主，我想不如先感謝聖雅各的安排，晚上再跟布萊希特與薇綺分享。

既然又遇上可愛的德國夫妻，很開心地跟他們攀談。老先生慢下腳步淡定地說：「凱莉，妳還年輕，可以一邊走一邊講話。等妳年過六十，就會跟我一樣，一次只能做一件事啦！哈哈哈……」聽到這段話我也大笑不迭，老太太在一旁也笑得很開心。難道這是傳說中的德式幽默？但這是一個很重要的提醒，我要在日常生活中保持活力、體能，讓我在很老的時候依然能夠一邊走路一邊講話。

半途遇上薇綺，我們一起走過聖安東（San

‖ 聖安東修道院遺址。

Anton）修道院遺址。這是十一世紀時由法國建立的哥德式修道院，後來成了朝聖者的中途醫院。中世紀朝聖者走過梅賽塔高原會因兩旁的作物染上疾病，到這間醫院醫治。離開前，修士會以聖安東之名，劃下T字形手勢，給予朝聖者祝福。當時T代表生命與復活，能保護朝聖者再次上路時免受疾病威脅。很多朝聖者會在這附近買T字項鍊做紀念。薇綺的女兒叫塔瑪菈（Tamara），開頭字母正好也是T，我們一路都在找T字項鍊，她想送給女兒當生日禮物。當了媽媽總是無時不刻掛念著自己的孩子，這突然讓我想起遠在臺灣的爸媽，這時他們的掛念跟薇綺想必非常類似，謝謝他們的成全，讓我可以到西班牙一往無前。

接下來是一路筆直的古羅馬道路，似乎看不到盡頭，兩旁的樹葉片稀少，根本談不上遮蔭效果。慶幸的是沒有半輛車經過，不必刻意閃躲，走起來還算舒服。西班牙北部除了大城鎮人口較多，小城鎮相較之下與荒城無異，雖然房子看起來乾淨，有人維持，但就是見不到幾個人影。

古道的盡頭是卡斯楚赫里斯村（Castrojeriz），這是一個讓我難以忘懷的小村落，實在沒預料到這個大部分旅遊書不會提及的村子，會對我的心靈造成這麼巨大的衝擊。

村子不大，但停留的人很多，我跟薇綺太晚

到，庇護所幫我們安排地下室的單人床鋪。我們就席地而臥，或許就像戴納所說的，要感恩，有得睡就好。後來我們發現地下室居然有獨立的兩間廁所，不用跟樓上一群人擠，反而直呼好運。

住的地方打點好，我們去旁邊的酒吧找布萊希特，遇到從英國一路騎腳踏車來的大衛（David）。他所有的家當都在腳踏車上，薇綺跟他很有話聊，可能是同鄉的緣故。布萊希特說要去參觀一間藝廊——The Hospital of the Soul（心靈醫院），我搞不清楚那是什麼，糊里糊塗跟著他們。大衛也跟了上來。

這間不起眼的藝廊就在我們剛剛路過的小路

‖ 筆直的古羅馬道路。

‖ 左邊布萊希特，中間薇綺，右邊大衛。

上，招牌小小的，很不起眼，許多朝聖夥伴都錯過了。我覺得自己運氣好，要不是跟著布萊希特與薇綺，大概也無緣拜訪。

曾經有位女性藝術工作者來走朝聖之路，遇到這間房子的主人懋（Mau）。懋與大自然和諧共存，從大自然中悟出很多智慧。這位女士拍攝很多懋與天地交流的照片，懋也開放他的房子免費接待世界各國的朝聖客，讓他們的心靈得以在此得到片刻平靜。

藝廊樓上有一個小房間，房間地板不太平衡，地板上放了幾個椅墊，布萊希特席地打坐，她說她曾有十天就這樣打坐，不吃不喝，我對此

‖ 小小的藝廊，The Hospital of the Soul（心靈醫院）。

毫不驚訝。在她身邊可以感受到她內在的平穩，還有對週遭的洞察。很自在地做自己，掌控自己，尊重每個人。

有一次她聽到我給另一個夥伴建議，她溫柔的提醒我：「凱莉，那是她的事，她有權自己決定。」我馬上被點醒，突然驚覺自己非常討厭被人操控，卻在無意間操控別人。口頭上似乎在建議，但其實是希望別人可以照做。剎那之間，真是為自己捏了一把冷汗。這是我很喜歡布萊希特的原因之一，直言不諱，但因為可以感受到她的真誠，不至於讓人覺得不舒服。又有一次，在走路的當下，我不自覺一直問問題，她很直接就說：

「凱莉，我的腦子已經在休息了。」我哈哈大笑，接著就知道要靜默。往後凡事跟著她總是有驚喜，就像她這次引領我來到這個空間。

在藝廊裡細看每張照片底下的註解文字，有些很容易懂，有些即便每個字都看得懂，組成句子時卻不容易理解整體意涵。其中一張照片底下寫道：

You cannot teach a man anything; only help him to find the answer whitin himself.（你不教人，而是幫他們發現存在於其自身的答案。）

重讀又重讀，不記得讀了幾遍，回過神來才發現自己眼淚無法克制地在兩頰流淌。當時布萊希特與大衛也在小房間，二人不發一語，靜靜陪著我。等到適當時機，大衛倚門以待，一副等我說話的樣子。他問：「怎麼哭了？要不要試著說出來？」

我稍微定心，等待情緒平穩，之後緩慢但清楚地說著：我二十幾歲就開始授課，學員從十到五、六十歲都有。很多人比我年長，歷練都比我豐富。曾經有一段很長的時間，我總是懷疑自己到底能給他們什麼？我的教學對他們來說真的有用嗎？我對自己的質疑遠多於肯定，在工作上說真的沒有太大的成就感，覺得很虛浮。剛剛看到的那句話對其他人而言可能稀鬆平常，卻很神奇的撫慰了我。

我明白了。我沒有也不需要厲害到能改變一個人，我能幫助他的，其實是讓他找到他自己可能已經知道很久的答案，至於要不要改變、能不能接受改變，全部都得看他自己的意願與努力。我在離開前一份工作崗位後才在這裡得到答案，之所以哀傷，很大的部分是懊悔，沒早幾年悟出這個道理。

布萊希特看著我笑了，那個笑容像在恭喜我重生。我終於能放下工作上的自我質疑，移開壓在身上的重擔。哭完後感覺整個人被淘空，眼淚帶走那些莫名的重量，又覺得整個人輕省很多。

死去，活來。

我好想知道這藝廊主人懋到底是何方神聖？他在哪裡？還在世嗎？真想見他一面。為何他的一句話就有這麼大的力量？我請他們先回去，讓我在這個房子駐足半刻。

奇妙的是，因為飛利浦（Pilippo），我隔天見到了房子的主人懋。一看到他，還沒開口，我就開始無法自制地掉淚。他給了我一個擁抱，問了我的工作，接著說：「是該停下來，讓腦子更清晰。自己好起來，就會有好事發生，別害怕！」我記得當時並沒有提到害怕或擔心這些詞彙，他

‖ 懋的藝廊一景。

是怎麼知道的？他問我要不要留下來喝杯茶，我稍微遲疑了一下。當時已經接近上午十點，大家都上路很久了，但這種機會大概很難再碰到。我想了想，管他的！等一下走快一點就好。等我說：「好！」懋說：「生活就是這樣，決定，然後行動，如此簡單。」經過太久的社會化過程，我的心靈變得太過複雜，反而容易出錯。很多事確實像懋說的，「選擇＋行動＝活在當下」不是嗎？

卡斯楚赫里斯，我永遠也忘不了這小村莊，給我豐盛的禮物，心靈上的療癒。諸般奇妙都不在我的規劃當中，但讓我記憶深刻。

X 安心之處，就是安居之所……

內心一直回想早上與懋與飛利浦的對話，懋的「Don't be afraid!」一直在我腦海中迴盪不已。我其實沒有想像中的勇敢。旁人看我好像勇氣十足，可以一個人旅行。西班牙治安不佳，還能一個人來走這條路。他們不知道我也有困惑，害怕未知的下一步。

離開卡斯楚赫里斯村的途中，我頻頻回頭望這個小村莊，捨不得離開，直到步上村外的山頭，在高處回頭望，知道我終究得離開，只能心中默許有一天再度造訪。在山頭上休息沒多久，荷蘭女孩蔻菈(Cora)來了。她一路與另一位西班牙女生走了很多天，倆人沒有共通的語言，只靠翻譯軟體溝通。幾天下來，蔻菈說她已經學會講一點西班牙語。那位西班牙夥伴回去了，這讓她鬆了一口氣，接下來可以舒服地走。我跟蔻菈分享心靈醫院，給她看從那裡帶來的小冊子，她覺得裡頭的話語很特別。

分享心靈醫院的同時，第一天在潘普洛納遇

到的兩位可愛的韓國人嫚嬂（Amy）與菲絲（Faith）也來了。我們開心相擁，之前還以為再也遇不到了。她們說時常想起我，不曉得我的狀況如何。我也謝謝她們跟我分享的計算里程的ＡＰＰ（Camino Pilgrim），每天都靠它提醒自己當天該走幾公里以及每個村莊庇護所的狀況。所有的安排都是最好的安排。我若照平常習慣八點就上路，大概就遇不到這三位朋友，順勢而為接受聖雅各的引領，每天果然充滿驚喜。

今天有一段很長的時間，我的前後沒有任何人。剛剛在山頭，我想著蔻菈剛恢復自由身，應該會想一個人走，就沒邀她同行。嫚嬂跟菲絲還

‖ 顧望卡斯楚赫里斯。

想休息，也沒跟她們一起走。兩旁的景觀很平凡，道路起起伏伏綿延無盡，有點單調。除了風聲、腳步聲，我沒聽到其他聲音，當然也無法跟人聊天。內在聲音漸漸沈寂，反而渴望著別人的故事。但人呢？人都到那去了？

接近下個城鎮前遇到一對西班牙夫妻，遠遠看到他們坐在路旁的水溝邊休息。今天真是有夠累人，整個下午幾乎沒有地方可停留，我猜他們大概跟我一樣累，結果接近他們前，他們還可以對我喊：「接下來就簡單了！」我反而沒力氣回應，直接走向他們，拿掉背包，一屁股坐在他們旁邊。

‖ 起起伏伏綿延無盡的朝聖路。

太太瑪莉薙(Maria）說：「我們快到了。過了這一區，到萊昂城（Leno）會更漂亮。因為三條不同的朝聖路線都在萊昂城匯集，所以很多人也在此聚首。」先生法蘭西斯柯（Francisco）說：「凱莉，有沒有看到北方那片山脈？山上還有雪。過了那一片山之後就是海，另一條朝聖之路就在我們眼前，那是北方之路。」這是我第一次知道北方之路，心裡暗許：「哇！還有另一條！等走完這條，我一定要挑戰北方之路！」很明顯地，這條路我都還沒走完就已經上癮了，已經在想著還能走另外哪條路。

我跟著他們走進博阿迪利亞村（Boadilla）。西班牙年長的一輩通常不太會說英文，特地問他們為何會講英文。瑪莉薙說法蘭西斯柯是軍人，年輕時派駐澳洲三年，她帶著孩子跟著在澳洲住，用英文溝通不成問題。他們很和善，也很健談，我們幾乎是一見如故。

我們在村中找到一間庇護所叫做「朝聖路上的庇護所」（Albergue en el Camino），它由馬廄改建而成，外觀很不起眼，但內部整理得還不錯，後來翻閱旅遊書才發現這間在當地小有名氣，有「朝聖之路上的天堂庇護所」之稱。到達時已經有一票朝聖客入住，等候分配房間時居然遇到薇綺。她狀況不是很好，無法往前走，只好停在這裡。

‖ 法蘭西斯柯（左）與瑪莉薙（右）。

她虛弱地跟我說：「這間很棒，可以住下來。」因為她這句話，也因為她在，我也就更安心地留下來。

瑪莉薙、法蘭西斯柯跟我分配到一間七人房，這個庇護所有額外的小保險櫃，每個床位都配置一個，但不是每個都有鑰匙，法蘭西斯柯把唯一有鑰匙的保險櫃讓給我，又準備了多孔轉接插頭讓我們可以一起分享有限的插座，法蘭西斯柯這些舉動讓我覺得很窩心。除了他們夫妻，一路上各國的人也都很好，但西班牙人特別的大方、熱情，他們有什麼，在我開口前就會主動詢問是否也需要，他們會分享自己所有的資源，甚至不吝請客。

有一次我帶朋友入住一間較高檔的民宿，接待人員不會英文，我們因為背包問題雞同鴨講了一段時間還是搞不定，靈機一動衝到街上的餐廳，看到一群朝聖客正用完餐在閒聊。我微笑問他們：有人會講英文嗎？可以幫忙翻譯嗎？他們馬上熱情推派一位墨西哥小姐，我拉著她衝回民宿，三兩下就解決問題。麻煩搞定後我送她回餐廳，向眾人道謝，並問是否可以請他們每人喝一杯以表謝意。沒想到他們一群人反而站起來跟我朋友說：不用不用！我們請你們喝一杯！

結果，我們每人都喝到一小杯西班牙當地的

‖ 有「朝聖之路上的天堂庇護所」之稱的庇護所。

餐後酒，這種酒通常含有草藥，西班牙人認為這種酒有健胃通腸、幫助消化的奇效，會在所有餐點結束時來一小杯。大家爽快地一飲而盡，真像是一家人共享一條血脈的感覺，頓時拉近距離，不僅那趟路大家成為路上的朋友，我們還間接見識他們的飲酒文化，同行的朋友還因此搬了一些當地獨門釀造的餐後酒回臺灣，往後每當抵達新的城市，我一定會找機會講這個故事，以（自封）親善大使的心情，傳遞西班牙人的熱情，然後再誘惑朋友嚐嚐餐後酒。

搞定住的，我就去探望薇綺。她分到另一棟多人同住的房間。我的房間還有空床，問庇護所的小老闆艾杜瓦多（Eduardo）我們是否可以同住。問的時候我也有點不安，這種狀況下通常主人不會願意更換房間。但薇綺真的很需要一夜好眠，只好硬著頭皮問了再說，還好最後艾杜瓦多溫和地表示同意。薇綺從下午開始換到我們房間之後，一路睡到隔天。經過一晚的充分休養，她的狀況明顯好轉。

旅遊書上會介紹這家庇護設施有多棒，但我更讓我印象深刻的是裡頭的人。我猜這間應該是世代經營，艾杜瓦多是年輕一代的經營者，他在學校學音樂，還有自己的樂團，養了一隻狗叫颯沛（Zape）。牠會嘆氣，這是我第一次聽到狗的嘆

‖ 庇護所裡好喝的咖啡牛奶。

氣聲。媽媽與奶奶負責廚房，讓此處的朝聖餐美味無匹，尤其早餐的咖啡加牛奶好喝的程度簡直稱得上「瓊漿玉液」！還用超大的杯子裝！還無限量供應！艾杜瓦多與員工之間互動良好，媽媽與奶奶待人和善慈祥。因為他們的溫暖接待，即使當晚朝聖客很多，每個人都感受到溫馨舒適。我想他們的服務態度正是他們經營成功的重要因素。

XI 走在這條古道，常常只有你一個人。但你遲早會明白，你其實沒有罣礙，孤獨而完整……

出了博阿迪利亞村，會經過綿延二〇七公里的卡斯提亞運河（Canal de Castilla）。運河建造於西元一七五三至一八五九年之間，早期有船行駛其上，現在則是兩旁農田的灌溉用水來源。走在運河旁邊的感受跟天然河道還是有些差異，只是今天出發時下了場小雨，有點掃興，無法愜意享受到沿岸的田園風光。

今天的新伙伴是淥漸（Ruth），生於澳洲塔斯馬尼亞島（Tasmania），長得漂亮，精力充沛，說話時的表情豐富。職業是護士，但很想當演員。

我們走進人煙稀少的小村落時已經中午，肚子很餓卻找不到地方用餐，突然一個阿伯開著白色貨車出現在路中央，拿個印章要蓋我們的朝聖護照，還帶上糖果跟一桶帶殼核桃。餓到兩眼昏花的我們，剎那間只覺得（長得像阿伯的）天使及時前來解救。

再往前走沒多久，終於找到一間有提供餐點的庇護所。淥漸一整路像是來參加演唱會那般亢奮，誇張的表情與動作讓我一路笑得好累。我像是跟在光芒萬丈的大明星旁，偶爾還要幫她取景拍照。她彷彿電力滿載，又跑又跳，偶爾還跟路過的車輛駕駛人誇張尖叫打招呼。為了追上她，我的腳步也不自覺加快，整天下來簡直累斃！跟淥澌同行耗盡了我的體力，明天我得暫避鋒芒。

晚上七點半才抵達卡里翁德洛斯孔德斯市（Carrion de los Condes），酒吧擠滿了朝聖客。今天恰逢週六市集，街上兩旁擠滿攤販，很像臺灣的夜市，有吃有玩。今天應該早點進城的，可以比較悠閒走逛西班牙的在地周末市集[9]。

在酒吧外面遇到熟識的朋友，他們說幾乎每間庇護所都客滿。淥澌預訂了一間旅館，好意邀我跟她同住，但我不打算欠她人情，正愁著不知該如何是好，居然遠遠看到法蘭西斯柯迎面而來。我的救星出現了！他本來要去另外一條街跟瑪莉蕥會合，二話不說一路領我到他住的庇護所，再回頭去找她。

法蘭西斯柯住的這間是修女們經營的庇護所，頗具規模，環境整潔，是一棟兩層樓的建築。一個房間約十張床，而房間數不可勝數！從門口走到我的房間大概需要五分鐘，可以想見走

9 週末的西班牙除非遇到這樣的市集，當地商家幾乎不營業。不過少數的酒吧或超市還是會開門，所以不必害怕會餓著。

║ 卡斯提亞運河。

廊的長度。修女帶我到我的床位，看到隔壁的包包，我就笑了，是薇綺。這座城市有這麼多間庇護所，這間庇護所有這麼多房間，她居然就下榻在我隔壁床，我們倆真有難解的緣分。

正要找吃的，經過小房間時被巴斯卡漢（Pascallan）攔下來，他是我在心靈醫院那個城市遇到的法國導遊。正值休假，他開車來「走」朝聖之路，一路以車為床，在各庇護所花點小錢借用衛浴洗澡。遇到他的那一晚他到處問不同國籍的人，各自國家的名曲是什麼，我也被問到。還記得我發訊息跟臺灣的蝸牛登山隊隊友和一些朋友求救，有人說「月亮代表我的心」，有人說「高山青」，更有人說「望春風」……反正大家建議的歌都不一樣。

巴斯卡漢好厲害，他要我們哼給他聽，他就立刻在平板上速記曲譜，拿起他的烏克麗麗隨即伴奏起來。那天晚上我們在庇護所前的廣場開起户外卡拉ＯＫ趴，大家唱得好嗨，尤其這首名曲「Guantanamera」[10]，最後變成國際旅人大合唱。不會唱歌的我也唱了「月亮代表我的心」，巴斯卡漢為我點了一首歌「對面的女孩看過來」，他從哪裡知道這首歌的啊！反正只有我懂中文，唱對唱錯沒有人知道，所以我也自嗨亂唱一通。

這晚在座的每個人都唱得很開心，尤其是蘿菈，原來她不只會做菜，也蠻會唱歌；至於不會唱的人也在旁邊享受別人的歌聲。巴斯卡漢用一把小小的烏克麗麗，巧妙地透過不同國家的歌，把大家緊密連結在一起，充分詮釋了音樂無國界這句話的真意。

情緒高昂的一夜，漸漸歸於沈寂。回到寢室已經關燈，大家幾乎都已經躺平，我聽到有人小聲叫我，是西班牙小男生裴南多（Fernando），他旁邊是蔻菈。薇綺還沒睡，她小聲的說：「凱莉，

10 這首歌是鄧麗君的名曲之一，收錄在一九六八年發行的黑膠唱片「鄧麗君之歌第九集」中，當時音譯為「關達拉美拉」。這首歌描述一位來自關塔拉摩（Guantánamo，地名，位於古巴南部，美國於此設置海軍基地）的女孩的故事，原本是古巴民謠，英文版本由拉丁裔民謠團體 The Sandpipers 演唱，風行一時。

很開心見到妳。」我回應她的喜悅，跟她說：「我更開心！」

此時外面開始滴滴答答下起雨來，薇綺很開心的說：「下雨了耶！」我看了看外面，回頭向她點頭微笑。今天整天晴朗，直到我們都躺平了才下起雨，為此，我的心裡充滿感恩，不曉得當時薇綺是否也跟我有一樣的想法。

隔天早上，大家睡眼惺忪坐在自己的床上，這才發現幾乎整間的人我都認識，連澳洲校長夫婦阿登（Aden）跟豐（Lee）也在。阿登大叫：「你什麼時候冒出來的！」說完大家相視而笑。沒多久，所有人幾乎整裝完畢準備出發，只有我還在東摸西摸。蔻菈早已準備妥當但遲遲沒離開，我發現她好像在等我。我問她怎麼不趕快啟程，她說今天是星期日可以悠閒一點，等我一下沒有關係。哇！今天有美女相陪了！很早就想認識她這個荷蘭高挑美女，只是苦無機會，今天總算是讓

來自荷蘭的蔻菈。

我如願以償了。

蔻菈是社工，很喜歡現在的工作，但內在一直有個聲音要她暫停。她決定停下來，讓自己休息一段時間。第一次見面時，我們聊到彼此的工作，她要我不要一直想，順勢發展，或許到時就會有答案。跟她還不熟時，薇綺告訴我她跟男朋友出現一些狀況，兩個人決定由蔻菈走法國之路，男友走葡萄牙之路，用這段時間想清楚彼此的未來，在終點聖地牙哥會合後再決定是要一起還是分開。

今天的古道一路平坦，過了一個小村之後，幾乎都走在荒郊野外。離開卡里翁德洛斯孔德斯市時我們已先預備了中午野餐的食物。蔻菈是素食主義者，倒不是因為宗教或健康因素，而是小時候看到媽媽宰殺兔子而起了憐憫之心，從那時候起，她就不再吃任何動物。

她有五個兄弟姊妹，雙親感情不睦。母親去世後，父親再婚。她跟男友從國中就認識，雖然稱得上青梅竹馬，但至今依然覺得他的內心有如迷宮，要花很多時間才能了解他的想法。交往初期她認為她就像缺了一角的圓，男友則是她缺的那一角，只是一路走下來，她認為自己本身就是完整無缺的圓，沒有他也可以過著快樂的生活。

她說父母親由於個性不合，經常吵架。媽媽

雖然不快樂，卻沒有能力離開這段關係。看到這樣的情況，蔻菈一直告訴自己要獨立。經過這趟旅程的考驗，她知道什麼是獨立，也知道自己可以辦到。她相信只要更快樂，一定也可以更愛自己，就像是長時間累積正面能量，就會像磁鐵一樣，吸引更多質地良好的人。剛好今天讀書會的洪會長傳訊息跟我分享：「花若盛開，蝴蝶自來，人若精彩，天自安排。」二者精神正相契合。

蔻菈熱愛大自然，一路教我認識植物。那些可以食用，如何生長繁衍……她讓我想起心靈醫院裡的一句話：「我們來自大自然，離開就會死亡。」

突然她說想傳簡訊給爸爸，問我介不介意讓她先離開一下下。結束後她告訴我簡訊的內容，我問她為何要跟我分享這個私密的內容，她說她打斷了我們的時間。她認為這個時間應該是屬於我跟她的，若此時有人跟她聯絡，她也會告訴我對方說了什麼，因為那個人闖入了我們的私人時空。她是如此的重視我跟她之間的相處，我很感動。

我以前上班、開會時不接電話，其他時間只要電話一進來，不管旁邊是誰我都會馬上接聽，搞得好像不可見那端的人比眼前的這個人更重要。電話結束以後，如果旁邊的人問是誰打來，我有時還會不悅地回嗆：「你管我！」或者更糟，來個默不作聲。跟朋友吃飯時手機一定擺在桌上顯眼處，對話過程中時常分神瞄手機，這些作為一方面不尊重對方，其實也沒有尊重來電的人。老實說我自己就不喜歡被這樣對待，但我卻時常如此對待他人。

蔻菈給了我一個震撼教育，讓我更重視與人互動時的品質，有自覺地注意自己使用手機的習慣，重視與朋友相聚的時光。若我決定把寶貴的時間給予對方，在跟對方互動時我就必須做到全然的專心。跟蔻菈一起才一天的時間，她就讓我學到這寶貴的一課。

XII 關係不是束縛，而是約定以及互相扶持……

離開傳奇的卡里翁德洛斯孔德斯市，跟蔻菈在這平坦高原持續走了二十幾公里。沿途兩旁都是麥田，沒有泉水，沒有村莊，只有一個結構奇特的古怪涼亭可以稍事休息。昨夜開始的雨，持續下到現在沒有停過。路上看到的幾個朝聖客跟我們一樣，被這場雨搞得超級狼狽，但是大家已經習慣在各種天候下步行，沒有不悅或抱怨。我這雙號稱防水的鞋子早已濕透，外套型雨衣也擋不住雨水，不得已只好穿上從臺灣帶來的小飛俠雨衣[11]。

回想起第一天遇到的美國軍人雅文曾告訴我，偶爾回頭看看自己走過的路，又是不一樣的風景，會很有成就感。但我今天一點也不想回頭，空曠地帶的風很大，雨水一直打在臉上，步行前進更加費力。我現在只想快點到達下一個庇護所，

11 這是錯誤示範，小朋友不要學！這種雨衣穿一次就報廢了，實際遮風擋雨的作用也不大，我一路就穿這麼一、兩次。走這趟路要有面對各種天氣的準備，有過這些經驗，我建議朝聖的朋友買好一點全罩式雨衣，可以整個蓋住後背包的那種，或者為背包準備一個防水材質的布套。

幸好旁邊還有蔻菈作伴，有人一起邊走邊聊，不然疲勞獨行再搭配淒風苦雨，一整個就是孤單寂寞覺得冷！

我們停在特拉迪略斯村（Terradillos de los Templarios），好多認識的朋友都停在村內唯一的庇護所 Jacques de Molay，荷蘭的彼得與布萊希特、英國的薇綺（感覺永遠遇得到她）、加拿大的李恩（Len，他給了我一枚加拿大國旗徽章）、巴西的亞歷克斯（Alex，曾到過中國，會一點中文）、西班牙的夫妻檔法蘭西斯柯和瑪莉薤等人齊聚一堂。說是村莊內唯一的庇護所，但這間可不簡單，有提供朝聖餐的廚房，有販售水果的小型超市，可以補給日常用品，房間也很舒適，還遇到這麼多好朋友，讓人無從挑剔！

我們到達時滿腳泥濘，衣服頭髮全濕，得全部換洗。好不容易搞定清洗工作，天空又急速轉陰。我在餐廳裡不斷觀察天氣狀況，廚房阿姨看我一臉不安，對我說：「沒關係的，不會下雨啦！我在這裡住很久了……」阿姨剛拍胸脯保證，我就聽到一陣叮叮咚咚的聲音，一時沒有反應過來，直到聽見蔻菈慌張大喊：「下雨了！」我們馬上衝出去收衣服。雨滴在很短的時間就變成冰雹，像白色的冰塊從天空砸向地面，如果被打到一定很痛。但我充滿驚奇，這是我第一次遇到下冰雹，我和蔻菈躲在屋簷下看著這幕奇景。

用餐期間薇綺說她腳痛，得在這裡停留兩天，而且決定之後的行程不要再揹背包[12]。薇綺話語中充滿了無奈與沮喪，身體出狀況讓她不能享受這一路的步行，我很擔心她無法走完全程。

李恩是虔信的基督徒，他建議薇綺向神禱告請求醫治。我記得薇綺很堅定地揮手說她不相信那一套。李恩不以為意，還說：「我們吃完飯一起為妳禱告。」老實說，我當時對神也沒什麼信心，但是看到李恩全心倚靠神，與單純對薇綺的關愛，我決定支持他，發聲呼應說：「好！我們一起為薇綺禱告！」

‖ 左起彼得、蔻菈、我、李恩、亞歷克斯、布萊希特、薇綺。

餐後李恩帶領我們閉上雙眼，虔誠低頭為薇綺向神請求醫治她的腳，讓她隔天能順利出發。整個過程很溫馨，感覺像一家人合禱。我們認識不久，不敢說情感有多深厚，至少此時此刻可以分擔彼此的痛苦與困擾。藉著禱告，我們的心彼此得以更接近[13]。李恩是一位退休的電信工程師，專業是電信和通訊技術。他與亞歷克斯是在這條路上認識進而結伴同行，幾乎全程一起行動。長途步行讓他們培養深厚的情誼，亞歷克斯稱李恩是他失散多年的哥哥。李恩對人的真誠與無私的愛，讓人可以在他身上感受到基督的形象。對信仰產生懷疑時，看到這樣的人會重拾對神的信心，自己也會因為身為基督徒而感到幸福。

在路上跟李恩交談的機會不多，但回臺灣後，他突然傳訊給我：「凱莉，一定要來加拿大喔！別忘了妳有一個家在這裡，記得來找我們。」我完全相信他的邀約真切而誠懇，絕非客套，寥寥幾行字就讓我的心溫暖起來。去年完成這條路後，他特別開車載著太太把這條路重新「走」過一遍，讓她也能感受當時走在這條路上的喜悅。

12 朝聖之路沿途都有幫朝聖客將背包先寄到下一個停留點的服務，自己只要輕裝上路即可。

13 回到臺灣跟李恩聯繫上時他告訴我，禱告完隔天薇綺的腳真的好多了。她不只沒有多作停留，還走了近三十公里。不過薇綺似乎不認為這是上帝的功勞，李恩則是常常用這個經驗來提醒自己上帝有醫治的大能，透過這件事向李恩展現祂巨大的力量。

他還不忘提醒我，上帝很愛我，祂想要參與我大部分的生活。他會為我禱告，也希望我記住，真正的基督教不是宗教，而是信徒與耶穌基督的關係。真是一位很棒的弟兄！

XIII 你遇到的人，都向你展現了生命的各種可能。國土的界線，不會阻礙你們成為知交……

來自加拿大的李恩帶了很多加拿大國旗小徽章，當成小紀念品，沿路給遇上的朝聖客，他與巴西的亞歷克斯走在一起，偶爾幾次遇到他們兩人的互動總讓我備感溫暖。不知是不是因為也是基督徒的關係，他總讓我感受一位虔誠的基督徒所散發出來的良善與溫暖，我特別小心地把小徽章別在我的背包上，來紀念這位朋友。

有幾次因為開闔背包把小別針給扯下來，幸好都能找回，有一早又不小心扯掉了，這次卻怎麼努力也找不到，感到有點遺憾，走出庇護所還在想，已經好多天都沒遇上李恩跟亞歷克斯，若能再遇上他們就好了。一想完轉個彎，赫然發現他們倆在轉角的酒吧吃早餐，結果不用說我又重新得到一個加拿大小徽章，只是這次感應也太及時了，很不可思議。

又有一回我帶的水不夠，路上沒有遇到可以補水的酒吧，也沒有看到任何水龍頭，腦中正叨念著：哪裡有水龍頭啦到底？下一個瞬間我就看到一隻貓，那隻貓也回看了我一眼，我的眼神跟著牠，轉過身去居然看到水龍頭！剛剛與貓眼神交接時牠好像讀到了我的需要，可真是奇「喵」。

再來一件神奇的感應就是我跟愛爾蘭人默俐（Molly）的相遇了。初次見面默俐跟薇綺走在一起，我因此而認識她。我跟薇綺一路上總是分開走，但到了停留休息時又總會遇上彼此。每次分開前我們一定很慎重相擁道別，薇綺擁抱我時一定會跟我說：「凱莉，雖然我不知道是否還能見面，但現在就讓我們先說再見吧。」

跟默俐的緣分是有一天早晨在特里亞卡斯特拉（Triacastela），因前晚沒有完成日記，我躲進一間餐廳奢侈地點了杯咖啡跟蛋糕，想花點時間記錄。這天早上腦子裡突然閃過一個念頭：今天是否會遇上默俐？

當我坐定要開始動筆時，默俐出現喊了我的名字，她說：很奇怪，平常的她通常會坐在酒吧外面曬太陽，不會走進來，但不知為何這次決定進來，然後就巧遇我。

如此神奇的相遇讓我決定跟默俐一起走，日記也不寫了。她說今天是她旅程的倒數第二天，到達薩里亞（Sarria）就會搭車回去，因此我更覺得要與她同行一段路。

默俐跟我解釋典型的愛爾蘭人的習性，她說

當愛爾蘭人口頭說：Yes（是的）！別高興太早，他內心真正的意思其實是：Maybe（可能是）！而當愛爾蘭人嘴上說：Maybe（可能是）！他真正的想法則是：No（不是）！

他們從不直白地表達。

也就是說，當你問一個愛爾蘭人可以跟我一起用餐嗎？他若答：好啊！別誤會了，這還不是一個肯定句。他若答：可能可以。他的意思就真的是在拒絕了，只是他不好意思直接說。

跟默俐走在一起我們有聊不完的話題。她是數學老師，因為獨居，偶爾會收留一些跟著父母移民來愛爾蘭的孩子，提供生活基本所需並教養他們，甚至擔任家教，教一些有學習障礙的學生。她曾說，這些孩子雖然有各種狀況，但她很喜歡他們。由此可見，教導這件事若徒有技巧但缺乏愛是行不通的。

我會對愛爾蘭印象深刻是因為一部名為「遲來的守護者」（Pilomena）的電影，片中主角是一位未婚懷孕的年輕媽媽菲洛米娜。在當時保守的社會氣氛底下，未婚懷孕是一件道德墮落的行為。菲洛米娜被送往修道院生活、待產，孩子後來由美國人收養，母子兩人被迫分離。這是一部長達五十年母子兩人的追尋過程，最後菲洛米娜找到了她的孩子，但孩子卻已離世。

默俐說當時宗教的規範確實有點嚴酷，有些人放棄信仰，甚至不再去教會，但現在教會的規範已經寬容很多了。

因為片中的孩子是同性戀，所以我們也順勢談起了性別平權的議題。

默俐有四個手足，兩個兄弟，兩個姊妹。她的姐姐是同性戀者，而愛爾蘭是在西歐國家中數一數二保守的天主教國家，直到一九九三年同性婚姻才正式合法化。法律明文保障伴侶其中一人去世時，另一位有財產繼承權，但目前同志伴侶仍然不能合法領養小孩，她們曾試著懷孕，但都失敗了。

我喜歡默俐的健談，讓我聽到很多新鮮事，另一點深深吸引我的是，她喜歡了解不同國家的文化與生活方式。她喜歡閱讀，甚至讀到一些與臺灣相關的史實。她經常在不同國家長住，在西班牙住過三、四年，在南非待過四、五年。培養出更寬容的心，接納不同國家的人與文化。

路上我們遇到一對情侶牽著一頭驢子徒步旅行，男生是荷蘭人，女生是德國人，他們從南葡萄牙出發，買了這匹三歲的驢子，往反方向走到法國再到德國，邊走邊找尋可以定居的地方。問他們為何選擇跟一頭驢子旅行，男生說這是很不一樣的經驗，照顧驢子就像照顧自己的孩子，每天停留都得考慮到牠，甚至一開始牠還太小，捨不得把所有的家當都讓牠背，漸漸跟牠培養出感情，不覺得牠是個麻煩反而是個甜蜜的負荷。

他們手上沒有旅遊書，沿途路況都來自與朝聖客口頭交換的訊息，默俐覺得很不可思議，他們看起來很滿足也很快樂，我倒覺得他們是我路上碰過最酷的情侶與旅行方式。

我發現默俐很會說故事，她謙虛地說愛爾蘭人都如此。愛爾蘭曾是歐洲低收入階層最多的國家，建國早期人民很貧窮，他們靠口耳相傳傳遞歷史，或許是練就出這樣獨特民族特性的關鍵。這個國家誕生了四位諾貝爾文學獎得主，被譽為孕育諾貝爾文學家的土地。

路上我們遇到我的另一位挪威朋友跎邇（Tor），他一知道默俐是愛爾蘭人，馬上大大讚揚《尤利西斯》（Ulysses）是他最鍾愛的一本書。這本是愛爾蘭現代主義作家詹姆斯・喬伊斯（James Joyce）於一九二二年出版的長篇小說。默俐說這本書以晦澀難讀聞名於世，之後他們兩人便開始了一小段我的層次無法參與的談論。

我們三人巧遇西班牙當地人剪羊毛，這才稍稍打斷了他們原本的對話。剪羊毛對我來說還是很新奇，臺灣要特別開車上清境農場、合歡山才能看到剪羊毛秀。他們陪著我駐足觀看，事後跎

‖ 默俐(左)與跎邇(右)。

邇說他在挪威擁有一片農場，養了二百多隻羊，還特別說剛剛那隻羊的毛實在太髒根本不能用。默俐也說她的國家羊隻眾多，也附議說那羊毛太髒，兩人在這點上取得共識。

到達薩里亞時，默俐堅持要請我喝道別咖啡，我萬分不捨，原因是我感受得出來她也很珍惜跟我同行的這幾天，她請我有機會一定要去都柏林找她，還說可以住在她家。

這段同行的日子距今已有三年多，我還沒有踏上這個國家，但心底一直想念著她。後來重新跟她取得聯繫，她說她依然在教書，但將於二〇一六年八月退休。別後三年間她回到這條路上幾次，走了一些路段，一直覺得不過癮，還想繼續，最後不忘叮嚀我應該到都柏林看看她。

XIV 而唯一可以阻止你認識他們的，是你的畫地自限與裹足不前……

二〇一六年九月二十四日我寫完最後一篇貼文後就不再更新部落格，原因是我又再次出發走了一趟法國之路。二〇一五年春天第一次走完全程，身心靈被充分洗滌，像蒙塵的樹葉被雨水沖洗，恢復翠綠。飽滿的情感充塞心中，我有一種想讓更多臺灣人認識這條路的想望。

我幾乎逢人就建議，把步行朝聖之路列入死前一定要完成事項的清單之中。臺灣很多人忙到沒有時間停下來思考自己真正要的是什麼，到底做什麼事可以得到真正的快樂與成就感。他們看似走在康莊大道羨煞旁人，其實他們自己反而老是覺得失去方向。也有人能力很強，卻把大部分的精力放在追求別人有而自己沒有的東西，來證明自己也有同樣的能力。只是物質生活的比較沒完沒了，容易陷入令人窒息的壓力迴圈卻無法自拔。

藉由與人競爭而得到滿足，藉由獲取利益而得到安慰，老實講也沒有不好。只是我所接觸到的人裡面，總是說自己每天都無比疲累，不知道自己所為何來。我不是，也沒有資格批判他們，只是覺得人生有限，沒能好好理解自己，反省生命，跟自己展開對話是很可惜的事。

如果可以安排一次「一期一會」的大型旅行，也許可以在這個過程中聽到自己的內在聲音，認識自己，愛自己，而不是用物質滿足自己，甚至批判自己，而是全然接受自己的「本來面目」，漸漸生發非自我中心主義的自信。知道自己的獨特之處與重要性，同時清楚認知到不可取代絕非意味不可一世、目中無人，反而對他人有「同情的理解」。會認真看待其他人的批評，卻不會以此自傷，影響心情與判斷事情的能力。

走過一次朝聖之路，我很清楚知道自己再也回不去朝九晚五的生活了。自從心裡萌發想要分享朝聖之路的念頭，我就開始思考如何實現。我決定跟走朝聖之路一樣，腳踏實地，一步一腳印。

首先是取得領隊與導遊的資格。

我花了五個月，密集、專注在家K書。有時真心覺得好笑，學生時代考大學都沒有這麼用功。我知道，當某一件事情是自己真心想要完成，每個人都會奮不顧身。二〇一六年三月考完外語領隊，我的心情跌到谷底。英文是超級難關，考完當天心情超差。我跟妮娜說想走一走，她就陪我從鹽埕區一直步行到技擊館，直到走累了，心才放下。我告訴自己，若沒通過表示上帝對我另有安排，那我就用別的方式完成這個目標。

妮娜安慰我，上帝會為我開另一扇窗。這跟我想的一樣，於是我對自己說：「好！我已經盡了最大的努力，現在我最需要的就是回家睡覺。」

「四月二十七日」，我永遠也忘不了這一天。午夜零時從嘉義上完課回到家，打開外語領隊的成績單，上面清清楚楚寫著我被錄取了。不知道看了幾遍，唯恐自己眼花，確認確認再確認：我是真的通過考試了。我知道上帝從不開玩笑，整顆心雀躍了整晚。上帝給了我許可證，為我打開通往另一個世界的大門。此時，「全世界」都睡了，不方便大聲嚷嚷，無法跟任何人分享這個奇蹟與喜悅。我當下就知道，無論是準備考試的寂寥還是現在的歡欣，都得獨自領受。

這樣的雀躍只持續一晚，隔天睡醒我知道後面還有更艱鉅的未知挑戰，老實說第一步要從何處著手我也不知道。我內心一直想再走一趟法國之路，挑戰近八百公里的全程，除了更加熟悉這條路，另一方面我想再度確認心中想要「引領臺灣人走這條路」的想法究竟是篤定的意志，還是一時的衝動。

我跟妮娜討論這件事，她毫不猶豫的說：「去吧！趁著投入工作前給自己最後的假期。」她歷經母親早逝，人生一部份的價值觀是及時享樂，因為誰都不知道意外與明天哪個先到，很多事來得又快又急，猝不及防。我跟她提到擔心自己的財務狀況，她卻更堅定的說：「妳還有兼課，不是完全沒收入，只要身體健康，錢再賺就有！」

最後讓我下定決心要去的是胡安，他先大聲警告我：「妳不去走，才是大錯特錯！」接著幾乎不假思索繼續推坑：「妳應該再走一次法國之路，這可能是妳找到下一個工作之前的最後一次長途旅行。妳乾脆順便用一、兩個月的時間到處亂走，相信我，當妳有了新工作，絕，不，可，能，還有這種閒工夫。」我說：「休息的這兩年我很有罪惡感，別人每天辛苦工作，我好像過太爽了……」他很誠懇地看著我說：「你完全不需要因為太享受自己的人生而感到內疚，拜託，妳是有傷害到誰嗎？我相信上帝沒有任何理由懲罰妳，祂原本就希望人類享受生活，得到喜樂。這是妳的生活，我只能建議而不能干涉，但如果妳沒有去，我敢保證妳未來一定會後悔為什麼當初不敢放手一搏。」

沒多久我就訂了機票，給自己五十天投入新工作前的最後假期，也是給自己的四十歲生日禮物。奇妙的是，即使我說存款足夠，家人還是執意金援。另一位朋友也前來襄助，她說自己短時間無法前往，但很有「感動」（基督徒都知道這兩個字的特殊涵意），一定要盡可能支持我。這一切全都印證了《牧羊少年奇幻之旅》一書中我很喜歡的句子：「當你真心渴望一樣東西時，整個宇宙都會來幫你的忙。」以前只覺得這句話不錯，現在才真正感受到潛藏其中的力量。他們的慷慨讓我學習到人生中很重要的「給與」課，帶著他們的愛，我昂首出發。

這次旅程從法國之路起點聖讓皮耶德港，至終點聖地牙哥德孔波斯特，總長七七五公里。一路又追隨古代朝聖傳統步行至西班牙西部沿海的兩個城鎮穆希亞以及號稱「世界盡頭」的菲尼斯特拉（Finisterre），這段總長一一五・九公里，約需六天時間。

然後再走一小段葡萄牙之路，從葡萄牙境內的大城波多（Porto）往北步行至西班牙境內的維戈（Vigo），長約一二九・四公里，整個統計下來路程總長約一〇二〇・三公里。記得第一次走完在日記的最後許了一個願望：「希望下次可以完成一千公里。」沒想到才隔一年多，這個願望如水到渠成一般達到了。

雖然走一樣的路，但第二次的經驗跟前次可謂有天壤之別。第一次遇到比較多退休人士，這次遇到的人反而跟我年紀相仿或事業有成的伴侶。同樣有來自世界各地的人：有德國、巴西、加拿大、美國、澳洲、阿根廷還有東歐小國等地。出發前第一次認識的荷蘭朋友彼得說第二次會更艱辛，因為第一次什麼都很特別，身心亢奮反倒不覺得累，但第二次可能會因為已經走過而感到無趣，這對身體是一大考驗。

回過頭去看這段旅程，我以親身經歷推翻了彼得的論點。同一條路，遇到的人、事、物卻不相同，這更加深我對這條路的迷戀，那種感覺就像一塊森林保育地，因為受人保護，不容任何人破壞原始風貌，但原始的林貌卻因大自然的洗

‖ 來自美國的年輕夫妻 Neil、Tatiana，事業做得有聲有色，也很用力玩。

禮，不斷改變。透過一次又一次的經驗與體會，每次對她總有不一樣的領會。

我與其他朝聖者彼此都會好奇對方如何得知這條路線，我的朋友也有不少人問起。前面提過，是因為「朝聖之路」（The way）這部電影。其實不只一部電影以這條路為背景，唯獨這部喚起我出發的渴望，路上遇到的美國人絕大多數也都是因為這部片而踏上旅程。

三十五歲開始，我戀上單獨旅行的滋味。當時我才剛結束為期二週的法國之行，在回臺灣的班機上就已經開始盤算下次要去那個國家冒險。為了打發長途飛行的漫漫光陰，無意間選到這部電影。

有朋友問我：「為什麼這部片能給妳踏上這條路的勇氣？」我歸結出兩點。第一，失去獨子的父親，在沒有任何準備的情況下，背上兒子的行囊，沉痛上路。他透過長途步行追思孩子，撫平失去親人的痛楚。當他走到盡頭的穆希亞，獨自平靜的望著大海，雖然喪子之痛仍在，但他的內在已經足以堅強到能夠接受這樣的變故。電影的最後一幕是他揹起自己的背包在另一個陌生國度旅行，找到不一樣的生活方式，臉上充滿自信的笑容。

這一幕讓我很嚮往，因為旅行確實能讓人

重新充飽能量。我之所以迷戀旅行，是因為每每跨出臺灣，總是感受到上帝創造世界的大能與美好。我會在不同的國度，遇到不同的人，發生難以預料的事。這些新奇不斷刺激著我，考驗著我，讓我理解自己的有限，心靈得以通過反省與自覺更加開拓，再回來看同樣的事，總會產生不一樣的觀感。我可以用全新的眼光看待自己的國家，讓這個我習以為常的土地始終覆蓋著新奇。因為對此，我可以更加體察，並進而更認同、珍惜這座島嶼。

其次，主角在路上遇到的三位朝聖客分別是為了戒菸、減肥與尋找寫作靈感而來。每個人的目的不同，個性迴異，還因為互看對方不順眼在旅途上鬧翻，到後來卻能漸漸同理、接受彼此，遇到事情共同面對，最後四人間建立起深厚的情誼。走到終點的聖地牙哥大教堂前，很有默契的四人眼神一對上，就決定再一起走一小段路前往西方的濱海小鎮莫西亞。

我始終渴望能與人建立起這樣的情誼，那是更為純粹，不以利益交換為基礎的互動模式。我想追求更平衡的人生，追求與他人建立更深厚的連結。看完電影之後，走朝聖之路的想法已深植心中。將近四十歲離職時第一件想完成的事，就是來一趟這樣的旅行，給自己機會調整步調，重新出發。

真正踏上朝聖之路，馬上就體認到朝聖客如同電影所呈現的，目的都不一樣。根據朝聖之路官方辦公室網站上的紀載，有人為了找到自己，有人想探求生命的意義，有人為了自我反省、對話，有人為了沿途的文化與藝術，有人來這裡交朋友，更聽說很多人在路上找到靈魂伴侶（選擇了這條非常與眾不同的旅行方式，在出發的時候就已經有相似的喜好。今年我也遇到好多對都是因為這條路而結識），有人則是為了信仰，強化自己與上帝之間的關係（我在路上遇見各國牧師、虔誠的天主教徒與基督徒，與他們互動也幫助我跟上帝有更深的連結，加深我信仰的力量）。

據官方統計，二〇一五年有四〇％的朝聖客是因為宗教目的來走這條路，六〇％是因為其他的精神層面，包含找尋自己、找尋生命的意義、解決生命的難題、解開心中固著的心結……等。同年有一七六位臺灣人踏上這條路，隔年是三三九位，二〇一七年有六四九位，到了二〇一八年則是正式突破千位，共有一〇二四人。我期望我的努力能對臺灣人在心靈成長上有助益，讓更多人知道在多如繁星的旅行規劃中，有一個特殊的方案能調整內在，得到心靈能量，面對外在挑戰。回國後除了身心得到喘息，並能持續對此後的人生發揮影響力，活出喜樂與意義。

特別是二〇一六年別具意義，我遇上了聖門（Holy door）開啟。其實出發前我完全不知道這個消息，沒想到竟意外搭上這特別的禧年慈悲年（The Jubilee Year of Mercy）活動，能通過聖門進入大教堂。

聖雅各的生日是七月二十五日，若恰好遇上星期日，這一年會特別被稱為聖年（Holy year）。按萬年曆演算，每隔六、五、六、十一年就會遇上聖年。上一個聖年是二〇一〇年，下一個聖年則會落在二〇二一年。在聖年，朝聖者可以通過唯有聖年才會開啟的聖門進入大教堂（The Cathedral of Santiago）。按照官方規定，要領到朝聖證書（The Compostela），至少要徒步或騎馬完成進城前的一百公里，或騎腳踏車二百公里。有了這張證書，此生一半的罪業可以獲得洗淨，若在聖年領到證書，就會有加倍的祝福，意味這今生罪過將能一次獲得赦免。可以想像遇到聖年，朝聖人數飆升的景況。

在路上就依稀聽到其他朝聖客在討論今年是特別的一年：聖門開啟。我一開始還很納悶怎麼會提前。問了幾位朝聖客，他們解釋根據佛朗西斯教皇（Pope Francis）的建議，為慶祝禧年慈悲年，因此於二〇一六年以開啟聖門作為特別活動。教

‖ 聖門。

宗方濟各在彌撒講道時提到，聖年是一項慈悲的禮物，通過聖門的意義在於重新發現天主對世人無盡的慈悲，禧年將是增強慈悲信念的一年，讓大家可以更加信靠天主。

這是個特別的禮物，我把它當成神對我未來想做的事情——帶領更多人找尋自己——的特別祝福，我也很樂意將此祝福分享給未來願意踏上這段旅程的朝聖者。

XV 這條路以樸實無華的面貌迎接你，你則以謙卑的腳步走完全程。雖眾人皆可行於此路，啟迪卻專屬於你……

有一晚停留在庇里牛斯山上的於阿爾西茲庇護所，我的時差還沒調整過來，凌晨四點就清醒，既然睡不著，乾脆起來寫日記。過去生活太忙，睡覺的時間都不夠，根本無法靜下來寫東西。但是上次走這條路我保持每天至少花一個半小時回想、記錄發生的事。這個習慣讓我在一年之後仍然對路上發生的事歷歷在目，喜悅的感覺，感動的時刻，繼續在心中延續。

因此我會「強烈」建議一旦走上這條朝聖路，不妨將每天的日記時間視為反省的機會，記下印象深刻的事，並試著寫下感想、評論。一開始也許只是流水帳，每天累積會慢慢有改變。我以前不覺得自己可以寫作，現在至少除了企劃書之外，再想寫點別的東西已經不會像以前一樣視為畏途。

昨天下午一抵達就碰到西班牙人奧利歐（Oriol）正在問朝聖客是否有人要他的床位，他在起點聖讓皮耶德港住的公立庇護所早早就被主人叫起床，他誇張的學主人喊大家起床的叫聲：

「阿哩！阿哩！阿哩！」我們都快笑翻了，八點前就被趕出庇護所，抵達這裡才早上十一點。他若繼續往前走，一定可以早早穿過庇里牛斯山，抵達西班牙境內的隆塞斯瓦耶斯（Roncesvalles）。但他這裡的床位已經預約、繳費，找不到人可以頂讓，硬是被迫留在這裡。

隔日用早餐時奧利歐坐在我對面，他旁邊坐著昨夜很晚才抵達的奧地利女生蘇西，可能因為年齡相仿，自然的就結伴同行。庇里牛斯山沿途幾乎是柏油路，有馬群四處晃蕩，看不出來是圈養還是野生的。牠們始終與人保持距離，井然有序地往人行進的反方向移動。對我來說，馬是高貴的生物，能這麼近靠牠們讓我有說不出的興奮。

奧利歐跟蘇西很有話聊，兩人腳程比我快，一直保持在我前面一段距離，讓我一度以為他們可能擦出什麼火花。他們兩人偶爾會回頭試著告訴我他們正在聊什麼，讓我能夠無縫接軌地加入他們的話題，是很體貼的夥伴。

一不小心我們三人就跨過庇里牛斯山到達西班牙境內，這時才下午二點多，很多朝聖客停在隆塞斯瓦耶斯，這裡有一間歷史悠久的修道院改建成的庇護所，甫於二〇一一年整修完工，設備完善，床位總數為一百八十床，是這條路上較大型的新穎庇護所，同時也是電影「朝聖之路」中

‖ 西班牙人奧利歐（右）與奧地利女生蘇西（左）

主角第一晚停留的地方。

荷蘭有一個由走過朝聖路的朝聖客組成的非營利組織，他們會固定分批派駐人員在這個庇護所服務。這個組織分工詳細很有制度，每批服務約兩週，從每位朝聖客抵達報到、鞋子擺放、引領床位、介紹環境……甚至到洗衣室都有人負責打理。我最喜歡是他們這個服務，朝聖客只要把髒衣服放進洗衣籃，義工們就會依序幫忙丟進洗衣機清洗、烘乾，再摺好放在衣籃，等候朝聖客領取。我發現這些義工來頭都不小，有高階主管因為喜歡這條路，所以用這樣的服務回饋新到的朝聖客；有的已經退休但非常富裕，卻願意在這裡彎下腰做雜事，讓我不得不敬佩他們。

荷蘭人有種與生俱來且微妙的幽默感，我很欣賞這一點。有一次因為帶領的朋友中有人需要吹風機，我知道這裡一定沒有但還是試著問看看。有位老先生認真地聽了我的需求，慎重地引我到門口，指著外面尚有陽光的廣場告訴我：這個就是天然的大型吹風機，叫你朋友來這裡吹一吹，很快就乾了。我聽了狂笑說好！另一次是一位年輕義工知道我從臺灣來，他喊我 EVA，我說我叫 Kelly 不叫 EVA，他說：我知道啊！但你們臺灣有 EVA AIRLINE（長榮航空）。就這樣，那天他看到我都叫我 EVA。用這兩個例子就可以感受到荷蘭人的幽默感裡那種微妙的無厘頭成份。

由於時間尚早，奧利歐跟蘇西還想繼續往前走。蘇西不喜人多的地方，我也跟著他們再往前多走了六．八公里到達埃斯皮納爾（Espinal），所以這次沒有停這個修道院。我們找到一家小巧乾淨的庇護所。蘇西一放好背包，就趁著還有一點陽光出去曬太陽，奧利歐躲到後院寫日記。我梳洗完去後院加入奧利歐，並且在這裡認識阿根廷的馬力歐（Marlio）。

庇護所的晚餐實在不很高明，馬力歐在我們吃完之前加入我們。前一趟我曾在路上遇到阿根廷人，他們手中都有一個特別的喝茶器具，之前沒機會了解，這次剛好馬力歐有帶，我就問他那是什麼。他解釋說個是喝馬黛茶的茶具，他們稱為「Mate」，通常是以空心葫蘆製成，配上一根金屬吸管，吸管一端是過濾茶葉的篩子，再加上一個裝熱水的保溫瓶。

蘇西說每個人第一次喝馬黛茶表情都不一樣，她堅持要拍下我喝馬黛茶的表情。這茶就像青草茶，在臺灣幾乎人人都有喝茶的習慣，我也不例外，沒有表現出太驚艷的樣子，倒是馬力歐提到許多他們特有的飲茶文化。今晚就像一場以飲茶習慣為起點的文化交流，或許每個人都可以在網路上搜尋到一卡車相關資訊，但由在地人解

‖ 馬力歐示範如何泡馬黛茶。

釋，小小習慣飽含文化意識，交流過程一邊聆聽，一邊啜飲別處嚐不到的味道，這種綜合五感的親身體驗，是旅行與其他人類活動最不一樣的特點。

昨晚跟馬力歐聊得很盡興，但他是騎腳踏車，我們無法與他同行，幸好出發前我堅持拍張合照，可惜沒有四人一起入鏡。後來的路段我只再遇過他一次，這張照片就變成我們唯一的合照。

蘇維（Zubiri）小鎮有一座舊橋，我們到時已經中午，日照強烈，很多朝聖客會在橋下陰涼處泡腳，我們也開心加入。奧利歐很快跟旁邊的五位從都柏林來的女士攀談起來，上次經驗，讓我見識到愛爾蘭人的和善與健談，不用刻意找話題，問個幾個問題就可以讓他們熱情回應，滔滔不絕。

這位女士叫黛博菈（Debora），是藝術家，有三個小孩，已經出版了三本引導學齡前兒童學畫的童書。雖然必須照顧孩子，但她也需要放鬆，因此給自己一週假期跟另外四位女性朋友出來度假。她說擁有自己公司的好處是可以彈性安排時間讓她可以兼顧事業與家庭。她很陽光，這一點從她的笑容就可以感受得到。

泡完腳奧利歐顯得有點疲累，他說他想留在這個小鎮。我以為他只是「想」，尚未確定，蘇西

‖ 左起馬力歐、蘇西、奧利歐。

已經拉著我要往前走，我沒反應過來，還不及說服他跟我們同行就得匆匆道別。我有點愕然，畢竟一路上蘇西跟他談話的時間比我還多，先前我還想他們會不會擦出甚麼火花，怎麼好像可以隨時轉頭就走。

蘇西先提醒我：「這是每個人自己的路，除了自己要做出決定，同時也要尊重別人的決定。」接著又說：「《聖經．傳道書》提到：『凡事都有定期，天下萬務都有定時。……尋找有時，失落有時。保守有時，捨棄有時。』」的確如此，所以相聚有時，分離也有時。我回過頭給奧利歐一個擁抱，告訴他：「『暫時』跟你說再見，希望你可以趕快追上我們。」我還抱有一絲期望可以再遇上，但沒有。有些緣分好像如此，結束就結束了，說不上來的莫名原因讓我真的好懷念他，懷念他的健談、懷念他的微笑、甚至懷念他的髮型，他是讓人跟他相處起來很舒服的一個大男生。

奧利歐事後寫電子信告訴我，他很遺憾沒有再遇到我們，同行的那兩天是他在路上最美好的回憶。他後來分幾次把法國之路走完，抵達終點時錄了一段影片感謝他在路上遇到的人。看到影片之後我跟他通上話，他才告訴我說他最最最遺憾也最最最懊悔的就是跟蘇西還有我分開。因為這次的教訓，他後來遇到不錯的夥伴都不再輕易

║ 庇里牛斯山上奧利歐與蘇西的身影。

別離。我怪他害我一直很懷念他，但也因為他，我也告訴自己遇到不錯的朋友也不要輕易就不聯絡。

第一次抵達終點時已經下午五點，領完證書、找到住的地方、參加完彌撒更是晚了，我跟布萊希特簡單吃個晚餐就回庇護所休息，隔天清晨五點又得趕往機場搭機。她要我清晨離開前叫醒她，她要跟我說再見，我說好，但我不希望驚擾她的好眠就偷偷離開了。一到機場她的電話馬上來，怪我怎麼沒叫醒她。我只能傻笑說不希望她被我吵醒。唉！我心裡是萬般不捨，這一別很可能今生不復再見，但要認真道別我做不到，也沒有過這樣的經驗。在這路上認識的朋友來自不同國家，離我好遠，不像在臺灣只是不同縣市的距離，我們只能在電話裡一直說著還要再見面，心裡應該都知道機會渺茫。

拿到登機證時我還不想踏進飛機，除了布萊希特——至少還跟她共進了最後一頓晚餐——其他認識的朋友都沒有機會面對面道別，我還不想就這樣離開啊！心裡有說不上來的糾結。我傳訊息跟荷蘭的彼得道別，也跟他說我的心情，他馬上打電話過來，嚴肅地說：「凱莉，要好好道別，然後往前走，你才有辦法回到真實的生活。」不愧是心理醫生，經他提醒，我才發現自己確實還沒有調整好心情，也沒有為這趟旅行畫下正式的句點。他繼續說：「凱莉，跟這段美好的旅程說再見吧，它會一輩子留在你的記憶中，我們所有人會是你一輩子的回憶。」我的心隨著他的說話聲漸漸平靜下來，我跟彼得說：「我很開心遇到你，你教會了我一些事，我會永遠記得。」彼得說：「我們還是可以保持聯絡啊，你有問題也可以找我聊喔。」我說：「好！彼得再見。」彼得說：「親愛的凱莉，再見！旅途平安！」

原來放不下過去的人，都是沒有機會好好告別的人。跟一些人的關係會突然結束，甚至結束得莫名其妙，在關係走向終點的時候沒有清理乾淨，反而留下一大堆無解的疑問。不知原因或得不到答案往往讓我的情緒深陷其中，留下長久的陰影，原來解套的方式是好好說再見，並在彼此的心中留下正面的回憶，讓我可以帶著美好的感覺往前，時時都有正面的力量。

事實也證明，其實第一次的結束不是我在這條路上真正的結束，它就只是個休止符，不到人生的終點是無法看到全局的，但也因那次美好的結尾，讓我更有動力延續路上的美好，想要不斷帶領眾人回到這裡來。

XVI 你將在此放下心中的那顆石頭……

我知道今天的行程會慢慢爬升到這條法國之路的最高點，海拔一千五百公尺的克魯茲鐵（Cruz Ferro）。這裡矗立一根木樁，頂端是鐵十字架，朝聖客會從自家帶一顆石頭放在這裡，象徵放下「重擔」，可能是感情的糾結、得不到的遺憾、失去的悲傷、經濟的重擔、健康的憂心、甚至被錯誤對待的不滿……如今放在這裡的不只石頭，還有一些相片、項鍊等各式各樣的小東西，可能世人要學習放下的東西太多，慢慢的，這裡已經堆疊成小丘。

法國之路的最高點的鐵十字架。

克魯茲鐵幾乎是整條路程的中點，這意味著我已完成一半的路程了。此時我已經找到最舒適的行走節奏，可以隨心所欲用自己的速度前進。我清楚知道，走快走慢都可以到達目標，這點體悟讓我走起來分外輕鬆自在。

除了行行重行行的平凡徒步，我每天還得面對一些選擇：決定落腳地點、選擇每餐內容、思考停留時間……等等。常常最痛苦的是不知該如何選擇。行走到這個階段，我發現有自己的「主見」會讓選擇容易一點。比如說：今日接近中午時我到達拉巴納爾(Rabanal)，此處離克魯茲鐵只有六公里，但會持續爬升海拔將近五百公尺高。一個女孩鼓勵我一口氣上到克魯茲鐵，另一個挪威女人則建議我停在拉巴納爾，充分休息之後隔天才有力氣爬到克魯茲鐵。

我清楚知道自己當時的體能狀況，並且知道比起窩在低海拔，我更喜歡高海拔的清新空氣與寧靜氛圍。這兩位的想法都沒錯，但我很快決定要繼續爬升。老實說，那時心裡沒有一點忐忑是騙人的。因為要登上高山，大部分的朝聖客都會停留拉巴納爾，繼續往上的沒有幾個。我微微恐懼的是前方路況不明，也沒人可以彼此照應。

直到我走出小村莊，感覺要進入人煙稀少的山林路徑時，赫然出現兩個身影。原來是兩位蘇聯人，他們的關係是丈人與女婿，都是律師，一起工作十五年了。我問他們為何沒有留在拉巴納爾，他們說當天才走了三十幾公里，通常一天都走至少四十公里，所以才會做這樣的決定。我驚訝他們的體力怎麼這麼好，女婿說他們時常相約攀登高山，這座山對他們來說只是小土丘的程度。我又追問他們如何定義所謂的高山，他們則說海拔至少要六千公尺以上吧。

聽到這裡我真的暗自竊喜。朝聖客總是口耳相傳：在朝聖路上，聖雅各會給每個人恰好所需，我不得不說真是如此！我在前一刻還在內心恐懼，下一刻居然就遇到兩位經驗豐富的登山高手得以偕伴同行，且讓我在此虔誠感謝聖雅各的賜予。

我沒有跟他們分享內心的恐懼小劇場，只是默默地緊跟著他們。這段山路其實很漂亮，紫色、白色的小花在路旁野地綻放，像沒有範圍的大花園。他們腳程不快，偶爾還會停下來記錄路旁的花花草草。我跟他們閒聊一路的經歷，女婿會突然詢問丈人：「都還好嗎？」然後回頭問我：「凱莉，還可以嗎？」我微笑回應：「好到不行！」我做了正確的決定，更開心能遇到他們。

爬升到芳瑟巴登（Foncebadón）這個村莊，距離克魯茲鐵有兩公里遠，我認識的裴南多(Fernando) 那群朝聖家人都停留在此。他們早已到達且梳洗完畢，在庇護所前的小桌子喝酒等候晚餐。他們看到我來驚喜不已，先是裴南多開心呼喊我的名字，接著其他人也跟著歡呼，好像在慶賀我完成重大挑戰。

我看這群人已經有點喝茫了。裴南多熱情地遞上一小杯烈酒要我喝，他說 Tipsy（微醺）的感覺很好，這個新詞就是跟他學的。他解釋喝酒喝到微醺，整個人會放鬆，變得愛笑、多話，對比 Drunk（喝醉）是嘔吐、頭痛，非常難過，感覺很差！那小杯酒我一飲而盡，又是一陣歡呼，在這條路上會喝點酒也是人際間互動的一種「友善」媒介呢！

裴南多問我有沒有預先訂床位，據他所知，這個村莊的床位都被預訂一空了。我說沒有，然後我都還來不及擔憂，他的母親瑪斯蒂絲 (Mercedes) 馬上跳出來說她多訂了一個床位給以色列人強納森（Jonathan），如果這個時間他還沒有到達這裡，今晚大概就到不了了，可以讓給我。還說著話，她馬上隨手拿起我的背包，領我到床位。我說要給費用，她卻堅持不肯收，實在無法表達內心的感恩。

剛剛一陣混亂，我險些把那兩位蘇聯恩人給忘了，趕緊到庇護所的一樓餐廳找他們。他們也剛休息完，正要動身繼續往前，確認我有落腳的地方也放心了，我也謝謝他們陪著我走那段山路。這時老先生伸出手來，我以為是要跟我握手道別，結果他

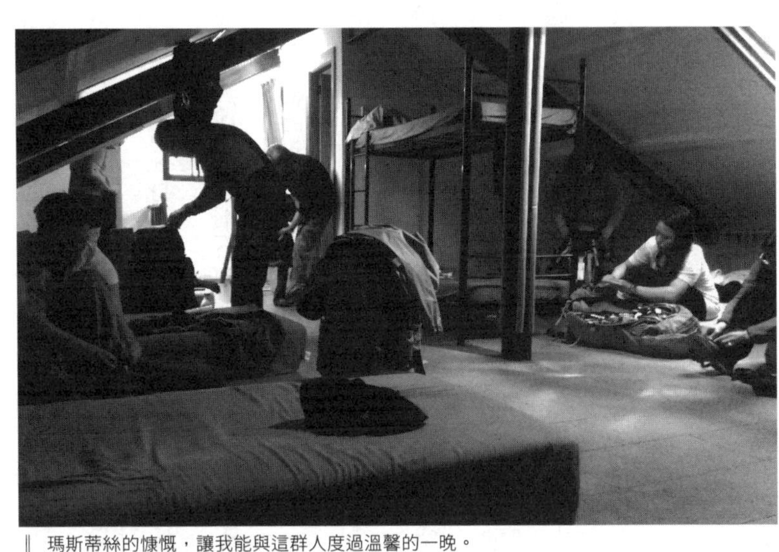

║ 瑪斯蒂絲的慷慨，讓我能與這群人度過溫馨的一晚。

牽起我的手，抬高一些，微微低頭在我的手臂上輕吻了一下，接著很慎重地對我說，很高興認識我，並祝我一路平安。剎那間我感覺好像被紳士珍重對待的莊園淑女，羞澀到不知如何反應。我看向站在他身旁的女婿，他也對我點頭示意。

看著他們遠去的背影，我想以他們一天四十至五十公里的腳程，我應該再也遇不上他們了，後來也如我所料。他們是我初次遇到的蘇聯人，對這個位在高緯度、又是共產主義的國家，給人冷酷的刻板印象，可是他們卻讓我對這個國家有不一樣的印象。後來陸續遇到幾位蘇聯人，他們也有好腳力且友善好相處。

在克魯茲鐵的鐵十字架下放石頭這項傳統，我初次來時還不知道，美國朋友雅文叫我從地上隨意撿拾一顆石頭帶在身上，一直想：「我要放下什麼？」似乎也沒什麼放不下的，所以我在鐵十字架下表達感恩，感恩我能拋下一切，有勇氣選擇不一樣的生活。

關於「放下」，我印象最深的是德國人賀慕特（Helmut）的故事。跟他只是一面之緣，但我幫他拍下的這張照片他很喜歡，事後還收錄在他寫的小書中，我們也因此往來幾次電子信件，他才有機會陸續跟我分享他來走法國之路的緣由。

賀慕特住在法國與盧森堡的邊界，走這條路之

‖ 德國人賀慕特。

前讀了很多相關資料，但他沒有料到整個徒步的過程會這麼深刻地影響他。當時的動機只是想擺脫在公司最後五年的心力交瘁與大失所望。

他是某個社會基金會的負責人，管理二百五十位員工。三十年來他鞠躬盡瘁，直到新的管理階層上任後對他百般刁難，甚至無預警辭退了他。接下來的幾年他與這家基金會進行法律攻防，最後雖然打贏官司，得到該有的補償，但以如此局面告別他投入三十年人生黃金時期的公司還是讓他心有未甘。

那天清晨，霧氣濃重且細雨紛飛，四周異常靜謐，時間緩慢到彷彿靜止。當時此地只有他一名朝聖客，好像上天特別給他專屬不受打擾的時空，讓他有機會與自己展開對話，做出神聖的決定。

他站在鐵十字架前，試著丟下一顆他從前公司帶來的石頭，代表他要放下在這家公司所經歷的一切。沒想到丟下那顆代表性的小石頭比想像中要困難很多，他花了很長的時間，很大的力氣說服自己放下它、丟掉它。不知道掙扎了多久，最後終於說服自己與過去和解，最後他堅定地丟下石頭。在那一刻，他的內心感覺到奇蹟般的喜樂與舒坦。原來放下並不容易，需要經過非常折磨人的歷程。一旦真正放下，內心的平靜與真實的喜悅在那一刻真的無法形諸文字。回國後，賀慕特整理自己的經歷，寫了一本關於這件事的小書。

我想賀慕特是有智慧的人，他選擇丟掉過去的不愉快，用全新的態度面對他退休後的生活。希望我經歷放不下的事情時，也能有智慧，成熟、謹慎、不帶遺憾地去處理。

XVII 領受特別的贈禮……

朝聖客們口耳相傳，在朝聖路上每個人都可以領受專屬恩賜。有過幾次經驗，我百分之百相信傳言不虛。以下這份贈禮更是特別，獨具意義。

求學過程中，無論是校方、家庭甚至我自己都只重視主科，音樂課根本不值一提。興趣使然，我小學曾經短暫學過鋼琴，國中就因為課業繁忙而停掉，現在想想很是可惜。若能多一些重視，即使不能成為音樂領域的專業人士，平常仍然可藉此陶冶心性，或者當作抒發心情的管道。

荷蘭人彼得改編的那首朝聖之歌，撫慰了我們，唱出大家一路以來的感受。音樂如此巨大的魅力，我在朝聖路上才真正體會到。某天在萊昂街上，無意間聽到街頭藝人正在演唱「Blowing in the wind」原曲，引起我對遠在荷蘭的彼得的思念，不到半小時，居然就接到彼得的問訊，這樣的巧合真是很神奇。一首歌、一段旋律可以幫助我們保留某一段記憶，像開鎖的鑰匙，一聽到就解凍逝去的時光。

在路上，偶然跟德國朝聖客緋犖芉娜（Philomena）聊到小時候學鋼琴的經驗。不知為何，隔天她就認真鼓勵我應該重新學習。這麼做不為什麼，只為讓自己可以享受音樂所帶來的感動與樂趣。當下我覺得不太可能，畢竟已經二十年沒碰鋼琴，連琴譜都看不懂了，重頭開始得花比起當時更大的功夫。聽我這麼說她沒有打退堂鼓，反而更熱切慫恿我：「凱莉，試試看嘛！有朝一日，妳要彈鋼琴給我聽喔！」

回臺灣後我尋訪到契合的鋼琴老師筑鈞，她幫我把之前的記憶幾乎抓了回來。很驚訝地發覺，原來過去認真學過的東西會銘刻在自己的體內成為本能，就像只要學會騎腳踏車，即使多年沒騎，還是可以在極短的時間之內找回平衡感。原來我還是會彈鋼琴，只要慢慢看譜，仔細數節拍，大致上都看得懂。就這樣，我輕而易舉地開啟一項塵封已久的技能。

一個月後，我彈奏Amélie Poulain的「Comptine D'un Autre Été」回敬緋犖芉娜，感謝她的提醒，讓我喚回這項能力。從小到大糊里糊塗學了很多東西，花了父母很多錢，現在總算對他們有所交代。對自己而言，更是加強了自我突破的自信。

遊走在歐洲的城市，偶爾看到機場或火車站總會設置一架鋼琴，讓遊客可以趁著等待時間自由彈奏。我常常無聊望著鋼琴想：「如果我有能力彈奏那該多好！」現在對我來說，那已經不再是空想了。

就像彼得在歌詞上的提問：「會得到多少朋友的支持和教導？」我認為，可能是機緣巧遇某位朝聖客而得到建議，可能是聆聽當地人的故事而得到感發，有可能是來自上帝的啟示，更有可能是經過自己沉澱之後的醒悟，這正是朝聖之路的永恆魅力。

可想而知，這份重拾的特別禮物我不會再輕易放掉了。

XVIII 學會分辨「需要」與「想要」……

卡爾薩達德科托（Calzada de Coto）小鎮的道路有點複雜，得走走停停看導覽書確定方向。根據其他朝聖客的經驗分享，有兩條路線在此交錯後再分岔出去。較短的那一條大概每五公里會碰到休息點，另一條路程較長，沿途是一片荒涼的黃土平原，缺乏遮蔽，可能會有過度日曬的危險，而且要走將近九公里才會到達庇護所。選擇長路線的人比較少，第一次走時，我一聽到人少又有天然景觀，沒多加考慮就選擇後者。

我在卡爾薩達德科托前，就跟一些夥伴說再見，獨自走上人少的路線。我的體內似乎流著熱愛孤獨的血液，習慣上總是選擇人少的道路，這一點頗有張力，我喜歡接觸人，同時也完全可以享受只有一個人的時光。

沒想到走進卡爾薩達德科托就下起暴雨，我怕小飛俠雨衣擋不住雨勢，就暫時躲在路邊一間廢棄的水泥房子，只有屋頂跟兩面牆，前後沒有遮蔽物。西班牙的春天雨量一向不多，難得遇上這樣的大雨。心想應該很快就會放晴，我就沒有卸下背包。正當我看著落雨發呆之時，有人從遠處走來，我先主動跟她說Hola[14]！她微笑回應並向我走過來。

她是崧娜（Sona），來自斯洛伐克的女生。我們年齡相當，她也是因為人少所以選這條路。她說能遇上我覺得很驚奇。她的想法跟我一樣，想要走一條人比較少的路。她提議喝杯咖啡等雨停，我欣然同意。

我們找到一間牆壁掛滿黑白照片的酒吧，感

14 這是在西班牙最常聽到的招呼語，相當於英語的「Hello」或者中文的「你好」。

‖ 牆壁掛滿黑白照片的酒吧。

覺經營者很有藝術氣息。裡面有一群西班牙樂齡族正在打牌——這是很典型的西班牙老後休閒生活，穿戴整齊，跟三兩好友聚在酒吧小賭打發時間或盯著電視看體育賽事。

雨勢轉小後，我們重新出發。這段九公里的路程確實很荒涼，沒有任何建築物。惢娜很健談，我們一路交流著各自國家的生活型態，因為年齡接近也讓我們成為彼此的對照組。她說她同時面臨工作與感情的瓶頸，才會給自己這個長假好好思考。

我發現，歐洲人一旦面臨這類的生命轉折，往往不吝給自己足夠的時間思考沉澱。他們不太倚靠第三者的建議，有很強的獨立思考力與決斷力，並且能在做出決定後勇於承擔後續將面臨的責任與結果。我以前凡是遇到問題，就會先找一大堆人談，大家給的建議固然很好，只是不知為何自己卻越談心越慌，最後反而害怕做決定。實際上碰到問題的是自己，其他人的建議再好都是從他們的經驗出發，常常聽到一堆互相衝突的想法，實際幫助很有限。這種獨立思考的能力，越到人生中後段顯得越發重要。

第二次我還是選擇了這個路線，理由沒變，就是人少。跟我同行的朋友去過非洲，他說這段路像極了非洲大草原，只差沒有長頸鹿、獅子、羚羊等各種動物在你眼前奔跑。我身體狀況一向不錯，也做了足夠的行前訓練，本以為可以無憂無慮走完全程，卻在這裡踢到鐵板。

我在這條路上吐了好幾次，九公里的路程感覺比一生還長。肩上的背包壓得我步伐沉重，每次抬腳跨步都是折磨。我的朋友自己也有行李，無法幫我分擔重負，他一路擔心我昏倒在路上，行進間一直回頭看我。痛苦的當下，我心裡卻想著，如果未來要帶人走這條路，身體健康是首要條件。碰到這樣的狀況，自己都照顧不了了，要怎麼照顧別人呢？即使做了那些鍛鍊，事實證明仍然不夠，加緊提升自己的體能，保持良好的身體狀況，是我之後生活的第一要務。

我們一直回想究竟吃了什麼。身體沒有其他症狀，腸胃也沒有不舒服，就只是沒體力還吐個不停。晚上到達埃馬尼羅斯（Hermanillos），吃飯時另一位英國女孩也跟我有同樣的症狀，她說至少聽到四個類似案例，問題應該出在飲用水的水質。過卡里翁（Carrion）之後，因為地勢平坦，地下水在岩層中濾淨不足導致水質不佳，若不慎飲用往往會發生問題。

第一次很驚喜在這人煙稀少的地方又遇到布萊希特，荷蘭人很高大，腳程很快，下午三點就已經到達這裡。我跟惢娜將近五點才到。這晚一共只有六位朝聖客住在這裡。庇護所客廳有一個小壁爐，我們在耀動的火光旁邊分享照片、喝茶、聊天。

因為隔天我們將會面臨一段將近十七公里的荒涼平原，沿途沒有任何酒吧與住家，庇護所義工建議我們準備一些食物在路上野餐。我們找到一家小雜貨店，老闆跟這家店一樣可愛，店面小小的卻應有盡有。老闆只會講西班牙文，我們比手畫腳也聊得很開心，布萊希特一直說老闆可愛，每個人最後都心滿意足地提了一袋食物回庇護所。

晚上大家都紛紛躺平，睡前我寫了一張明信片給爸媽，謝謝他們支持我這次的遠遊，並且

‖ 布萊希特與雜貨店老闆。

跟他們說在這條路上我找到了屬於自己的快樂。筆不加點的同時我也淚流不止，被支持的感動充盈心房。布萊希特突然起床上洗手間，她問我怎麼哭了，我說我在寫卡片，她大概懂了，沒再多問，只提醒我寫完趕快就寢，明天還有好長的一段路要走。

沉沉睡去之前我還在思考什麼是真正的快樂，我想應該是不切實際的期待少一些，為更大的驚喜與幸福感騰出空間。我不期待所選的這條路會有繁花盛景，卻在這荒涼的地方與布萊希特不期而遇；我不期待會有五星級的住宿，那知我們六人可以獨享整間乾淨舒適的庇護所；村莊這麼小，卻有間豐富的雜貨店，滿足隔日旅程一切所需。

過去的不快樂是否因為不自覺地有著過度期望呢？想要更多薪水，想要證明自己能力勝過他人，自然必須更被重視與認同，期望在高級地段有大坪數的房子，期望可以隔一段時間就換更好的車……這些無止盡的慾望單純都是「想要」，其實認真去想，哪一項是自己真正「需要」的呢？走跟人不一樣的道路沒有公開說明書，卻得承擔風險，但內心體驗到的富足卻總是出人意表，絕非尋常尺度可以丈量。

XIX 開始珍惜自己……

朝聖之路上最常遇到歐洲人，其他國家比例依距離遞減，臺灣人不用說更是鳳毛麟角，一旦遇到得先抱頭痛哭個幾分鐘才行。這天我遇到一位中東女孩，是從黎巴嫩貝魯特來的葛芮絲（Grace），旁邊的德國朋友反應很快，他說我們兩人合起來就是Grace Kelly，美國著名的奧斯卡影星，後來成為摩納哥王妃。

葛芮絲說她剛剛也遇到一位臺灣人，我想應該是幾分鐘前跟我擦身而過的那位。她跟美國人

‖ 朝聖路上的葛芮絲＋凱莉。

一起走，但我沒有停下來跟她搭上話。跟葛芮蓀閒聊到一半，這位臺灣太太追了上來，我用中文問她是不是來自臺灣，她說是，我們就聊開了。

她叫嫣妏（Angel），臺北人，經營一家快剪理髮店。旁邊的美國人是她的先生焉滌（Andy），他們在第一次走朝聖之路時認識對方，半途焉滌生病，因為照顧他的緣分，各自回國後，焉滌邀她去走「北方之路」[15]。一走完，焉滌隨即跟她求婚，婚後隨她到臺灣生活。

我問嫣妏當初怎麼會來走朝聖之路？她說二〇一四年她被診斷出罹患乳癌，而且是第二、三期，癌細胞已經轉移至淋巴腺。聽到確診的當下她沒有太難過，因為她當時對人生沒有任何盼望，生命結束的那一天就是她解脫的日子。這個消息對她來說像是拿到上帝給的假單，出奇樂觀地說終於可以放假了！這輩子她總為別人而活，辛勤工作，照顧家人，可以卸下責任真是沒有比這更好的消息了。

看她似乎不覺得我有所冒犯，我更深入問她是什麼事情讓她心情這麼低落？她隨即聊起了她前半生的經歷。

二十三歲就進入台積電工作的她，五年的婚

15 另一條朝聖路線，與法國之路平行，在法國之路北邊，整體困難度更高。

姻在言語與肢體的暴力下辛苦維持著，高標準的前夫對她只有無窮的批評與責罵，讓她的自信與尊嚴蕩然無存。她在一個很傳統，很被保護的環境下成長。父親是老師，從頭到尾就希望她嫁給高學歷的人，學歷是一切，人格特質一點也不重要。她前夫的臺大學歷完全符合父親的期許，還在一流的電子公司上班，簡直是理想對象的具象化。她脫離不了傳統價值觀的束縛，管它破碎還是腐爛，婚姻怎麼說都得硬著頭皮咬緊牙根維持下去。一旦離婚，她就正式貼上「失敗女人」的標籤，不但一生毀了，甚至影響娘家的清譽。

斷然離婚後，她沒有感到解脫，反而陷入長時間的自我折磨，甚至一度自殺未遂。現在面對她自己的健康，她決定採取順勢而為的心態，不打算接受治療。化療放療的過程嚴重影響生活品質，她崇尚不吃藥、有病不看醫生，讓身體自然修復。她曾經看到客人因為切除淋巴，手腫得像水牛蹄，她想，即便要離開人世，也要走得優雅。

既然不考慮療程，她問自己剩下的時間可以做什麼？她想起之前上過的激勵課程，某次課程被問到：「如果剩下半年的生命，妳想做什麼？」她當時的答案就是旅行。所以她毅然決然踏上了這條朝聖之路。

因為她沒受過太多體能訓練，我很好奇她剛

開始的狀況如何？她說她揹了十五公斤的背包，看了資料，知道她必須事先預定第二天晚上留宿的庇護所。她請朝聖辦公室的義工幫她訂，幸好訂到這個離SJPP約八公里的地方。揹十五公斤走這八公里的路差點要了她的命，沒想到竟然激起了她的求生本能。

隔天她仔細觀察，看到庇護所外堆了成山的背包，上面掛著牌子，她問人這是怎麼一回事，才驚覺原來包包可以花七歐寄送到下一個庇護所。我問她這麼省怎麼捨得整條路都花錢寄送背包，她說走了幾天之後再嘗試揹起那個十五公斤的災難，走沒幾公里就快往生，最後她還是選擇花錢消災，並且重新規劃調整，在其他地方節省花費。

如此這般，她完成了兩段朝聖之路，一圓她的旅行夢，也找到了她的現任伴侶。很多事情似乎在冥冥之中都註定好了，所有的安排都是最好的安排，誰知剛開始看似不好的事，伴隨而來的竟是一份美好的禮物！

XX 認清真正重要的事……

今天就要走進瑪莉薙口中的美麗城市——萊昂。法蘭西斯柯與瑪莉薙的女兒突然被解雇，他們很擔憂她的經濟狀況，想提前結束旅程趕回馬德里馳援女兒，是以決定改變行程，只走到萊昂。原以為我們會一起走到終點，然而路上充滿變數，即使心裡感到遺憾也莫可奈何。

出發前，法蘭西斯柯、瑪莉薙跟我到隔壁的酒吧吃早餐，老闆娘一邊看著我，一邊用西班牙語跟瑪莉薙交談。瑪莉薙說老闆娘看到我是亞洲面孔，以為我是他們的養女，後來他們將錯就錯，遇到朝聖客就介紹我是他們領養來的，我也順口稱他們為「馬德里的爸媽」。

前往萊昂的這段路不怎麼美麗，大部分的時間都沿著公路走，車輛就在身邊呼嘯而過。健行時最無法好好享受的就是這樣的路段，風景也很一般。有一處需要穿過大馬路，西班牙政府蓋了一條我稱之為「九彎十八拐」的鋼鐵步道，奇特但缺乏美感。

瑪莉薙一路跟我聊起她的生平。大學念藝術科系，在大學還沒讀完的二十歲時與法蘭西斯柯結婚，婚後育有三子。因為法蘭西斯柯是職業軍人，多年來隨著他派駐不同國家，四十一歲才又重回大學，拿起畫筆，完成學位。其實家家有本難念的經，雖然她跟法蘭西斯柯的婚姻和諧，關係穩定，背後還是有不少家庭問題。真實的人生正是如此，充滿幸福、缺陷與挑戰。

法蘭西斯柯則是跟我提起一次瀕死體驗。我問他那是什麼感覺?他說很溫暖，全身放鬆，有種從未有過的舒適感，舒服到甚至不想回來，最後是一道光束把他拉回人間。那次死而復活的經驗讓他突然對生命有不一樣的看法，讓他能清楚分辨重要與不重要的事。之後他調整生活節奏，提早退休，回到西班牙落地生根，不再四處奔波，把更多時間保留給家人，活得更自在。

進城前的路段不甚了了，但萊昂是一座恢弘的大城，有華麗的哥德式教堂（gothic cathedral）——聖瑪利亞主教座堂（Santa María de León Cathedral），有安東尼奧・高第（Antonio Gaudi）的建築代表作——波堤內之家（Casa de Botines），還有由修道院改建而成的國營五星級旅館——聖馬可仕國營旅館(Parador de San Marcos)。

大教堂坐落於舊城區，內部有一千八百平方

公尺的壯觀彩色玻璃窗。人在廣場可以欣賞到大教堂的西側立面，我曾坐在廣場長板凳上細細欣賞大教堂，也觀察來來往往的人，感覺自己就像置身在一幅移動的畫中。

我是高第的粉絲，出國只要當地有他的大作，我一定會安排行程前往觀賞。這條朝聖之路有兩個城市可以見到他的建築作品，其中一處就在萊昂。波堤內之家融合了哥德式建築元素，又保留了高第異想天開的獨特風格，每一處都值得細細品味，百看不厭。

老城區滿是商店、酒吧及旅館，來到這裡一定要漫步街上，體驗傳統的飲酒文化[16]。離開

‖ 由修道院改建而成的國營五星級旅館。

舊城區，前往下一個城市的路上會經過舊聖馬可士修道院改建的國營五星級旅館，一晚要價約一百三十至兩百歐元。旅館位於貝納斯加河（Rio Bernesga）旁，古時這裡就是提供前往聖地牙哥朝聖者的休憩住所，十五世紀後，又經歷整整三百年的改建才成為現今的高級旅館。其華麗的外觀，光是佇足在飯店廣場前欣賞建築本身就足夠賞心悅目。電影「朝聖之旅」的主角就是在這裡款待他的三位朝聖客朋友。

如果預算充沛，能在裡頭住一晚當然很享受，不行的話也可以聽從美國朋友戴納的建議進去參觀。我這鄉巴佬第一次經過時震懾於建築的豪華而不敢進去。第二次來除了在廣場前十字架下的朝聖者雕像旁坐了好一會兒，學它抬頭凝視這棟歷史建築外，也大方地假裝房客入內參觀大廳。

進門的瞬間感覺自己好像穿越時空走進中古世紀，大廳裡每一組家具都是歷史悠久的骨董，牆面懸掛的畫作給人誤入美術館的錯覺。挑高的天花板給人莊嚴的氣勢，讓人舉止不由得慎重起來，絲毫不敢大聲喧嘩。旅館旁邊就是教堂，從

16 在這裡點一杯酒就可享有一個免費的竹籤小點（Tapas），有些城市這兩樣都要收費，很可能一杯酒一歐元，一個竹籤小點二歐元。此處一般只付酒錢，竹籤小點免費，所以不用怕空腹喝酒。

教堂進去會接到旅館與教堂中間的迴廊。走在迴廊，抬頭可以欣賞哥德式風格的穹頂以及兩旁的雕像，白天來還可進入迴廊中間的花園，感受不受干擾的片刻寧靜。

跟法蘭西斯柯和瑪莉薙在萊昂道別後，我們偶爾會通信問候，他們還是稱呼我孩子，並且期待那天可以去馬德里拜訪他們。瑪莉薙去年七月完成心願，成功舉辦了她生命中的畫作首個展，（正牌）女兒謀職順利，經濟狀況穩定。我出發走第二趟前，他們也正安排跟小女兒去西班牙進行一週的行程，因為時間的關係沒有遇上。我很珍惜這樣的緣分，彼此沒有血緣關係，但可以把彼此當成家人，很期待能再見到他們。

XXI 在任何情況下，都能保有自己的本來面目……

法蘭西斯柯與瑪莉蘿幫我找到落腳處後我們才正式道別，他們參觀完大教堂就搭車回馬德里。在這間庇護所我又遇到了薇綺、布萊希特和彼得。我們在旁邊的酒吧悠閒喝酒，啜飲咖啡、曬太陽，這是我在路上最享受的時光。我們在這段休息時間互換路上拍的照片，談談當天的經驗。不想講話時，也可以聽別人分享。

來自奧地利的酷莉絲汀（Christine）看到我的iPad，向我借去使用臉書，還說會付我錢。我連忙表示這只是舉手之勞，毋需破費，接著幫她嘗試登錄，但不知那裡出問題就是進不去，最後還是沒幫上忙。她很客氣的請我喝咖啡，說她不是第一次來。

她在兩年前痛失愛犬，行路的過程中，難過到屢屢腦子一片空白。全程累了就休息，醒了就走路，就這樣過了兩個禮拜才重新找回生活的喜悅。那次她走到半途，腳受傷而沒有竟功，這次她再回來就是想把剩下的路走完。跟我講話的同

‖ 我們在庇護所旁的大廣場曬太陽。

時，她徐徐吐著菸，眼神裡滿是對她去世愛犬的感懷，時而陳述牠的生命歷程，追憶牠的美好，有如親人離世。她也一再感嘆生命的無常，最後還重覆低語著相同的句子：「這就是人生！這就是人生！這就是人生……」

傍晚，薇綺、布萊希特、彼得與蔻菈跟我一起去吃土耳其餐。前往餐廳的路上蔻菈神色凝重，跟彼得以荷蘭語交談。到達餐廳一坐下，她講著講著就哭了，其他人很有默契地給出不受干擾的空間，讓他們可以繼續剛才的話題而無後顧之憂。我們一致認為她找彼得談是對的，彼得是心理醫師，能以專業引導她找到問題的關鍵。

在此前情提要：蔻菈跟男友國中時期就認識了，多年的相處下來，總覺得男友像是沒有出口的迷宮，永遠走不進他的心房。此外蔻菈經常感覺對方有所隱瞞，無法開誠布公地溝通。為了給彼此時間、空間反思這段關係，他們決議蔻菈走法國之路，男友走葡萄牙之路，到達終點聖地牙哥之時，若兩人還要在一起就結婚，不然就分手。

一路走來，蔻菈不只思考跟男友的未來，同時藉此練習一個人生活。他希望即使結婚也要保有自己的本來面目，不受另一半影響而牽動情緒。想我周遭朋友（尤其女性），有了另一半或家庭之後，不知不覺就以丈夫、孩子為重，犧牲自己的喜好與夢想，只為成就更圓滿的家。最終，有人順應這樣的人生，安穩走到終點；有人則是一找到機會就開始抱怨不滿，抒發情緒，卻被生活折磨到沒有力氣重新抉擇。無論哪一種情況，選擇權都在自己身上不是嗎？

跟她一起走的那天她告訴我，爸媽的感情並不好，但是她的母親沒有離開的能力，只能委屈不開心地維持婚姻直到去世。她絕不要像她母親一樣，她想要具備獨自生活的能力。她堅定地對我說，她重新找回自己了，即便最終失去這段關係，她都能坦然接受。說著說著，臉上開始洋溢滿足的笑容。

我想起路上遇到的一位荷蘭牧師曾經告訴我，人不一定要結婚，《聖經》上就有很多沒有進入婚姻的人物，但若要結婚，最重要的是雙方必須對彼此忠誠（Loyalty）。我想忠誠這兩字涵蓋意義很廣，不同文化背景的解讀也不一樣。我對忠誠的想法是：除了單一伴侶，能坦誠溝通，不欺瞞，視彼此為第一順位，並能以同理心去愛周遭的人。

蔻菈結束路程後，跟男朋友走入婚姻。他們在草地上舉辦婚禮。蔻菈身著白色禮服，光著雙腳，幸福地笑著。之後我們沒有機會再深談，但我真心期盼她能有足夠的智慧經營她的婚姻，因為她值得擁有如此美好的人生。

XXII 只要是旅程，或多或少會有艱險、苦難、困厄與顛簸……

快接近阿斯托爾加（Astorga）時，空氣中瀰漫著詭譎的氛圍，朝聖客之間謠傳有位華裔美國人無端消失，她的家人也從美國趕來幫忙協尋。大家告誡彼此不要單獨行走，即便獨行也要確認前後有人，萬一臨時有狀況可以求救。一路上本人一直秉持「沒在怕主義」，常常走一整天也遇不到任何人，聽到其他人這樣警告我也開始緊張起來，時常掉頭看看後面有沒有其他朝聖客。

西班牙的一些大城市治安確實很糟，我的朋友都說在巴塞隆納，連當地人都會被搶，要我現金盡量不要帶在身上，包包不能揹在後頭，到餐廳也不能把貴重物品放在旁邊的座位上。但是朝聖之路沿途治安還算良好，不知歹徒是否仍心存敬畏，不敢對朝聖客下手，所以很少發生如此重大的意外，這實在是罕見的特例。

住在阿斯托爾加的隔天我睡太晚，布萊希特已經打包好行李準備出發。去酒吧吃早餐時因為找不到她讓我有點心急。「美籍華裔女士失蹤事件」讓我深感不安，不想單獨行動，結果找不到布萊希特反而遇到了挪威來的跎邇、他的兒子歐洢涽（Oyvind）和妹妹瑪葛蕾塔（Magreta）。

我在旅程的後半段才遇到這家人，感受到挪威人天性樂觀、單純、健談、與大自然共存的氣息，尤其瑪葛蕾塔舉手投足之間充滿嫵媚，又不矯揉造作，打從第一眼就很喜歡她。他在萊昂上髮廊整理頭髮，遇到她時她滿足地直說頭髮終於比較柔順有型，只能說即便這種像苦行僧一般的健行，她依然可以隨時保持優雅與美麗，本人自嘆弗如。

在酒吧我們聊開，說起先前的謠傳以及沒又遇到布萊希特的沮喪，瑪葛蕾塔立刻安撫我說：「沒關係，慢慢來，總會遇上的。沒有她，妳還有我們啊。」跎邇說：「早餐很重要，妳需要能量。」然後用命令語氣說：「吃！」

我心想也對，幹嘛這麼緊張。他們似乎對於那件事一點也不在乎，怡然自得，我整個就是自己嚇自己！放鬆心情之後我悠閒地吃了早餐，擦了防曬乳，寫了明信片，跟我三個姪子、姪女通了電話之後才出發。

走出阿斯托爾加，在郊區碰上一位義大利女生，問我 Ecce Homo 在哪。出發前我沒做什麼功課，一聽到這個我整個大糗：是要看誰啊[17]？我

‖ 很靈驗的小教堂。

的習慣是邊走邊收集資訊，或跟其他朝聖客交流訊息。遠遠我看到一間小教堂，門外擠滿了人，我猜她問的應該就是這間。我繞進去看了一下，恰巧碰上剛從裡頭出來的彼得，讓我得以維持在不同教堂與彼得偶遇的傳統。

小教堂有個久遠的傳說，一位朝聖者母親帶

17 Ecce Homo 直譯是「看啊！這個人。」是判處耶穌釘十字架的彼拉多，將戴著荊棘頭冠的耶穌交給眾人時所說的話。這幅畫以這個故事為題材，所以被稱為「荊冠耶穌」。繪者是薩拉戈薩市（Zaragoza）的藝術教授伊利亞斯．加西亞．馬丁內斯（Elías García Martínez），他在約莫二十世紀的三〇年代，於博爾哈鎮（Borja）慈悲聖殿（Santuario de la Misericordia）教堂的牆壁上畫下這幅作品。二〇一二年，一位八十三歲的寡婦和業餘畫家試圖修復這幅近百年歷史壁畫。修復後的成果通過推特和臉書火速傳遍全球各處。看過修復後圖片的人很難不噴笑，耶穌本人頭像被「修復」成猴子和刺蝟的綜合體。結果反倒因為社群媒體的強大宣傳效果，只有五千人口的小鎮竟吸引了成千上萬想看她作品的好奇（或說獵奇）遊客，從而振興了當地經濟。整個事件就像是誤打誤撞的荒謬劇，甚至還有一部以這件事改編的歌劇正在美國籌備上演，內容講述一個老奶奶如何因為毀掉了一幅壁畫而拯救了一座小鎮。

著她的兒子到這個小教堂喝水，小男孩一不小心掉進水井，媽媽苦無方法拯救孩子，只好絕望地向荊冠耶穌祈求：「主啊！求你拯救我的孩子！」剛說完，井裡的水位就開始上升，小孩也因此得以脫困。因此這口井的銘文寫著：

你勞碌奔波一生，用這井的水，劃十字，耶穌將與你同在，拯救你脫離萬難，待你盡心服事之後，將得到應得的幸福[18]。

一些人來走這條路是為了思考未來，或釐清人生難題，甚至是紀念已逝的親友。我沒有特殊目的，只想給自己一段休息的時間，等儲備足夠的能量再重新出發，所以我沒有特別要向上帝祈求的東西。但既然這個小教堂這麼靈驗，能保護孩子平安，我就想到當時我的弟妹正懷著我們家的第四個孩子，所以我誠心祈求她能順產，母子均安。

我的腳程比起歐美人慢很多，因為他們通常長得很高大。之前跟布萊希特一起走，我總是得用力追趕才能跟上，一整天下來其實有點累。今天一個人走也蠻不錯的，想停就停，想走就走，

18 這幾句銘文是大師級的鄧伯宸幫忙翻譯的，謝謝鄧爸爸出色的譯筆，將這段銘文翻譯得如此到位。

‖ 教堂內的陳設。

用自己的速度去欣賞周遭的景觀。我體會到，慢不要緊，只要一步一腳印，最後一定會走到終點。重點是，我是否享受這個過程？是否用心體會與感受這條路想要告訴我的事？

XXIII 也會有幸運降臨的時刻……

朝聖之路有些讓我瞠目結舌，理解不來的商業模式。

荷蘭的蔻菈曾提過生態村（Ecovillage）的概念，生態村的字首Eco是由環保（Ecology）、節能（Conservation）、優化（Optimization）三個單字的首字母所組成。這是一個擁有共同生態價值觀、經濟觀和文化理念的人所經營的社區。村民會儘可能尋找電力、用水和污水處理系統的替代方法，避免因依賴化石燃料而對自然生態造成災

‖ 朝聖路上的生態村。

難性毀滅。村民也會用有機栽培的方式種植作物，有些村落甚至會採用以物易物的經濟模式，常給人與世隔絕之感。

蔻菈之所以提起這個話題，是因為我說自己還不知道回臺灣之後的工作規劃。她建議我不用急著做決定，時間到了自然知道該做什麼。還沒確定方向之前可以選一個自己喜歡的國家，加入當地的生態村，學習諸如製作蜂蜜、蓋房子、種植花草、烹飪食物……等技能，再以勞動換取住宿和食物。我當時聽到蠻心動的，但回到臺灣我就明確知道自己的下一步，所以沒有採取行動。

再度踏上這條路，路上發現幾個經營得有聲有色的小型生態村。其中這間的主人是澳洲帥哥，因為喜歡這條古道，覓得一塊廢棄農地，用非常便宜的價格租下它，很克難地把它整修到可供居住與生活。他們提供開放空間讓朝聖客休息，也提供品質毫不馬虎的水果和飲食。我吃過美味的藍莓、香蕉、水煮蛋與咖啡牛奶，這裡的食物都可以自行取用，憑感動自由捐獻。

如果用世俗的眼光看待這樣的經營模式，一定會產生類似「他們到底賺什麼？」「這樣生存得下去嗎？」「這樣到底有什麼意義？」等疑惑。老實說，剛開始我內心也充滿問號。這裡像是半開放的秘境，只要通過一道門就可以享受寧靜、食物、陽光、友情，卻不用付出昂貴的代價。

我的德國朋友丹尼爾（Daniel）從家鄉出發走到這裡已經步行了二、三千公里，當天這個小小的廣場讓他一躺下就舒服到不想起身，一直慵懶地說：「太舒服了，我真想留下來！太舒服了，我可以不要再走了嗎？」最後他在這裡耗了半天的時間，足足晚我們三個多小時才跟我們會合。

另一位巴西朋友荻薇娜（Divina）跟幾隻小貓玩得好開心，她是為紀念因癌症去世的侄女來走這條路。雖然她天性樂觀開朗，卻也難掩悲傷之情。這天是我第一次看到她笑得如此燦爛，似乎暫時忘掉那份哀痛。這充分證明生態村的主人的

‖ 躺下去後就不想爬起來的丹尼爾。

巴西朋友荻薇娜跟幾隻小貓玩得好開心。

確成功營造了一個讓人想駐足停留的小天地。

還有一個讓我無法理解的商業模式是自由樂捐的路邊攤。

這些攤位的主人所準備的食物看得出來是精心製作，水果很新鮮，分開包裝的小包堅果都包裹得很認真，具有樸實的美感。通常這樣的品質可以要求比平常商店更高的價格，但這裡採取自由樂捐，有點像臺灣「誠實商店」的概念。不知道取用食物的人會在箱子裡投下多少錢？

有朋友說，因為這個人親身走過且深愛朝聖之路，因此用這樣的方式照顧其他朝聖客；也有朋友說，朝聖客超過半數以上都具有中等以上的經濟能力，畢竟這是一條有錢有閒才有可能成行的旅途，也會比較慷慨。當然不乏經濟能力有限的刻苦朝聖客，兩者平衡之下，主人應該至少可以損益平衡。

這樣的經營方式很考驗人性。我當時蠻想做一個實驗，回臺灣以後在我常去的登山口設一個類似的攤位，看看結果如何？

除了見識到兩種有別於以往的經營方式，我還有一次以物易物的有趣經驗。當時在阿斯托爾加碰上起司市集，地點就在高第設計建造的主教宮旁廣場。西班牙的起司種類繁多，各有風味，品質極好卻售價低廉。買的當下布萊希特就提醒

‖ 自由樂捐的路邊攤。

我得背著它走一段路。我當時好傻好天真，不以為意地回答她：「這配紅酒很好吃耶！而且我想跟妳們分享。」不聽勸的我忍不住花了五歐元買了一塊重約三〇〇公克的起司。剎那間全忘了，對一個每天得步行至少二十五公里朝聖客而言，背包的重量得斤斤計較。

人算不如天算，隔天我就跟布萊希特分開，在無法跟人分享的情況下，我只能咬緊牙根扛著它，這才悔不當初埋怨自己為何要搬磚頭砸腳，替自己惹麻煩。深刻體會到之前常在生活中硬買一些「想要」卻非「必要」的東西，最後不是浪費就是造成自己的困擾（甚至有時還會拖累家人朋友……）。這些冗物往往讓自己在前進時不夠輕省，想放棄又有很多顧慮，累積太多身外之物，再想改變，往往變得困難重重。

我已經忘記如何跟這對義大利夫妻聊起來，只記得是在一個不起眼的小村莊遇見他們。我問他們為什麼這個村莊很小他們卻決定停留在此。他們說行前曾上網預訂了一間還不錯的庇護所，有小商店可以買東西，可以自己煮東西吃。在強烈好奇心的驅使下，我決定尾隨他們。看到這間庇護所的第一眼就覺得真不錯，有峇厘島 Villa 的設計感，外觀新穎，應該是才剛開始營運。進去就聽到輕柔的音樂，還配備小型廚房。主人說他們在別處經營一間商店，可以買東西回來煮，這對義大利夫妻就邀我過去看看。

天啊！跟剛剛的路邊攤相比，這裡簡直可以說是沙漠中的綠洲。首先映入眼簾的是休憩用的小桌椅與沙發，精緻的手工藝品點綴空間，讓我立刻愛上了這間小店。小小一間雜貨店裡擺滿了各種食物和零嘴，有新鮮的蔬果，還有紅、白酒。往更裡面走則是擺滿手工藝品的過道，全都是老闆娘的手藝，甚至有她親手編織的毛線衣和毛線帽。

不知道是被雷打到還是怎麼樣，用過午餐之後我問老闆娘的女兒可不可以用起司跟她們交換

‖ 應有盡有的小雜貨店。

食物。我當下只是問問，這樣除了可以減輕負擔，也避免浪費，反正是神來一筆，即便不行我也看得很開。女兒轉頭用西班牙語對正在沙發上安靜編織的老闆娘說明我的意圖，她抬起頭，根本沒有思考，也沒先看我的起司是圓是扁，是否新鮮，甚至不打算聽我解釋那塊起司的來處，馬上輕微頷首答應。我覺得很是不可思議，這筆交易居然就這樣迅速成立。她們也讓我隨意挑選想換的東西，最後我拿了兩根香蕉、兩顆蘋果和一塊巧克力。

這個經驗讓我反思，很多時候我們太會算計對方，失去彼此之間單純的信任。如果我們無法信任孩子，自然不可能放手讓他們可以完成能力所及的事；如果我們無法信任伴侶，隨時猜疑對方的行為舉止，不必要的爭執當然會變多，磨損雙方的情分；不信任顧客，也會使成交時間延長，無形中增加時間成本也拖累了彼此。這些狀況裡的雙方如果能先強化彼此的信任，消極面是省下無形的時間與精力的耗損，積極面則是可以做更多更有意義的事。

XXIV 路上的風景與遭遇可能相似，但絕不重覆……

攤開朝聖地圖，在西班牙境內總共有三大朝聖路線匯集在梅利德（Melide），除了法國之路外，另外兩條是北方之路（Camino del North）與原始之路（Camino del Primitivo），這個小鎮熱鬧的程度可想而知。以往路過這裡一定要駐足品嘗當地的特色料理川燙章魚（Pulpo）佐黑麥麵包，沾著章魚盤中的初榨橄欖油，配上白酒，再點一盤炸青椒，西班牙語叫巴德戎（Padron）。

頭一次到這裡，看到大街上的餐廳都主打

‖ 炸青椒（上）＋汆燙章魚（下）。

這道川燙章魚，而且都大排長龍，排隊的人不是成群的西班牙家庭，就是結隊的朝聖者，幾乎沒有像我這樣落單的散客，太嫩的我有點不敢走進去，但又好想吃，在餐廳外徘徊了一下下，碰巧剛剛在城外結識的一對阿根廷夫妻也正要進這家餐廳，我坦白的跟他們說我不想一個人用餐，是否可跟他們一起，兩位異口同聲說：「當然可以，走吧！」

點完餐剛坐定，這對夫妻亨利（Henry）跟艾莉熙亞（Alicia）就遇到熟識的朋友過來熱情地攀談，他的朋友說這家餐廳在當地頗負盛名，口味最是道地，讚嘆他們的白酒配上川燙章魚可說是極致美味。他們的朋友是西班牙當地人，他們來自不同國家但都用西班牙文交談。在臺灣，當我們提到第二外語通常就是英文。在這條路上，雖大家的共同語言是英文，但講西班牙文才可以稱得上是通行無阻。西班牙人非常和善而且熱情好客，但只有年輕一輩會講英文，老一輩跟他們講英文就行不通，即使他們很願意攀談，若無法以西班牙文溝通就談不上話，逼得我只能重新學習。

這對阿根廷夫妻跟朋友談完，馬上轉而問我是一個人走嗎？我說是，但整條路其實遇到好多人，很少真的形單影隻。他們有六個孩子，生活圍繞著一群小孩很難得有機會喘口氣，夫妻倆出

‖ 養育六個孩子的阿根廷夫妻亨利（右）跟艾莉熙亞（左）。

來旅行。哇！六個孩子，湯馬仕（Thomas）跟莎莉（Sally）擁有四個孩子已經夠讓我驚奇，他們六個都是親生的，實在令我震驚。

我依稀記得艾莉熙亞是位雕塑家，作品多數是以天主信仰為主題，她還隨身帶了一件雕塑創作，問我要不要看，我說當然。於是從背包小心翼翼的拿出一件作品，原來是聖母與聖嬰雕像，底下有一雙潔白的雙手託著他們。她形容那是上帝的雙手，就像上帝安穩的守護我們。他們問我有信仰嗎？我說有，是基督徒，但我一直覺得上帝離我很遠，大部分的時候我感受不到祂，只有在路上幾次的感動讓我覺得祂似乎存在。

亨利說上帝的愛就像爸爸對孩子的愛，他問我跟父親的關係如何？我停頓了一下，這個問題來得猝不及防，不知是不是白酒的關係，我的眼眶開始紅，眼淚跟著奪眶而出。真要形容自己跟父親的關係，讓我有點啞口無言。我的家庭關係就非常平凡，一如其他平凡的家庭。雖然父親一直很忙，我們鮮少對話，但是在成長過程中他沒有讓我感覺缺乏，但老實說我也不記得有他陪伴的身影。話說回來，我知道他愛我，這一點是肯定的。

亨利接著問：他會不會抱妳？或說愛妳？我又頓了一下。或許亨利不知道東亞的傳統家庭，父親通常代表著威嚴。東方國家父親表達對小孩的愛總是非常內斂，不輕易把「愛」宣之於口。他們通常會給孩子實質上的幫助，不太會說那些所謂「肉麻」的話。此刻亨利與艾莉熙亞化身為愛的傳道者，跟我解釋上帝的愛是如何像父親對待孩子一般守護著我們，讓我真實感受到他們對信仰的堅定。我靜靜地聆聽，四周的嘈雜頓時消失，只剩下他們堅定傳達信仰的聲音。

用完餐後，他們邀我跟他們去梅利德的主教堂。亨利給我聽他 iPod 裡的一首歌：Matt Maher 的「Lord I need you」，從餐廳到教堂我幾乎是流著淚走過去的，走過繁忙的大馬路，穿過假日市集，直到進入靜謐的教堂，我的眼淚才止住。我以為淚水在前段路途已經流盡，沒想到即將結束之前，一句再平凡不過的提問竟讓我瞬間潰堤。

亨利與艾莉熙亞不只一次告訴我，他們會為我禱告，讓我可以更親近上帝。拜訪過主教堂，我們在這間教堂外道別。他們要停留在這個城市，我哭完還是得往前走。分開後我沒有再遇到他們，但他們帶給我的感動一直留在心裡。也不知為什麼，後來我跟父親的關係有了轉變。我們之間話題變多，另外不知是不是他們的禱告應驗，我跟上帝的關係也變得更親近，信仰一直支持我現在的每一天。

我試著寫信聯繫他們但沒有任何回音。曾聽過一個網路故事，媽媽把牙膏擠出來要女兒再把牙膏裝回去，不用想也知道這是不可能的事。媽媽藉著這件事告訴女兒，從口裡說出來的話也是如此，無論好壞都無法收回，所以要謹言，寧願說造就人的話也不要說出傷人的話。語言的力量確實很強大，這對阿根廷夫妻可能不知道他們的一番話，影響了遠在世界另一頭的我。

梅利德匯集了三條西班牙境內的朝聖路線，每回走到此地總會感受到她的萬千風貌。很多人問我，同一條路線一直重覆走怎麼走不膩？我從沒想過這個問題。路線雖然相同，但遇到的人、事、物，以至於路上的一花一草都有變化，不曾重覆。

我在梅利德初次品嘗到阿爾巴利諾（Albarino）的白酒，有一回定居西班牙的李大哥跟太太卡門特別到這個城市來跟我會合，我們約在大馬路旁一間川流不息的餐廳。卡門告訴我在這裡喝白酒就要喝阿爾巴利諾，我們曾多次見面，吃過不一樣的西班牙特色餐廳，唯獨這次卡門特別指定要阿爾巴利諾，從那次後我就愛上了這款甜度適中，帶有果香的白酒，甚至只要身在加利西亞區，我就只喝這款。

又有一回，我帶了四位朋友在梅利德的章魚餐廳用餐，遇到了來自巴塞隆納北方的城市聖費柳德吉克索爾斯（Sant Feliu de Guixols）的家庭，媽媽葛珞俐雅是位專業的攝影師，很開朗健談，爸爸艾斯提本（Esteban）跟兩個兒子玻（Pol）、睨（Nil）有著陽光般的笑容但比較靦腆些，媽媽的熱情很自然地也讓我容易介紹我的四位朋友給他們認識。初次在波爾托馬林（Portomarin）見到時，我們就互留Whatsapp（歐洲流行的通訊軟體，類似亞洲的Line），從那之後，在路上我們每天都會互傳訊息，媽媽會告訴我們那個餐廳不錯，還有他們已經到哪裡了。

我們剛進入餐廳，他們已用完餐正要離開，

‖ 朋友乃綺與十歐元紙鈔上典型的中世紀羅曼式建築。

極富節奏感的樂隊。

幸好這家餐廳有一張寬敞的原木長桌，我認為是兩方人馬交流的好時機，便邀請他們跟我們同桌。這位媽媽確實做了完備的旅遊功課，給了我很多好用的訊息，其中一項是在這條大街上，章魚餐廳外，斜對角那間教堂的大門設計風格，就是十歐元紙鈔上典型的中世紀羅曼式建築。我們覺得很驚奇，用完餐輪流到這教堂外拿著十歐元拍照留念。

最近一次路過這裡恰逢慶典，不同人馬組成的樂隊聲勢浩大，沿著街道演奏、歡呼，路人喝著啤酒，同時跟著擺動跳舞，像是一場嘉年華會。這樣的機會可遇而不可求，我跟朋友把它當作一場露天派對，享受樂隊節奏感十足，氣勢磅礴的樂聲。

如此不同的城市風貌，怎麼會膩呢？我相信這個小城梅利德絕對還有其他更精彩之處，等待我下次到來時給我驚喜！

XXV 因為這是與天上銀河對應的奇蹟之路，也是探索內在的生命之路，跟你一樣，獨一無二。

進到聖城的心情如何？我不想結束這段旅程，還可繼續走嗎？我才剛暖機，腳力正好呢！

每天單純的就只專注在走路這件事，沒有太複雜的人際干擾，沒有待完成的工作事項，沒有應盡的責任義務，唯一的目標就是讓雙腳好好地運作，以抵達下一個停留點。

真實的人生也可以這麼簡單嗎？

越接近終點，夥伴之間的話題就圍繞著：結束後去哪？回自己的國家還是繼續下一趟旅程？幾位很交心的朝聖夥伴對我的提醒是：朝聖之路雖然結束了，但如何把在路上所體會與獲得的精神，在現實生活中延續則更為重要。這是什麼意思呢？

到了大教堂前的歐布拉多伊洛廣場（Obradoiro Square）拍照留念，隨即轉往朝聖辦公室領取我的第一張朝聖證書。隨即發訊息給家人，告訴他們我已安然抵達終點。這張證書比以往任何一張都令自己開心與驕傲，它不只是我長途跋涉沒有放棄的肯定，更可以說是我生命轉捩點的標誌。

我還算幸運，整個過程沒有誇張的煎熬，只是每一步，每一天都踏實、紮實地度過，得到很多珍貴的體悟。沈從文說世界是一本大書，每個人是一本小書，這一路我遇到的人已經數都數不清，等於是讀了不少本好書了。過去我拿證書只感覺行禮如儀，交差了事，鬆一口氣，但這張證書卻讓我感到得意與富足。它代表著往後我將為自己而活，做自己真正想做的事。唯有為自己而活，才能負起全責把自己真正活好。唯有投入自己真正喜歡的事，不是為了要和別人比較，更不是為了攫取世俗讚嘆的眼光，才可以驕傲地說，我盡力了，我已不虛此生。

‖ 2015 年，我的第一紙朝聖證書。

這張證書代表著我會用全新的角度看重自己，善待自己，不因現有的條件而感到羞愧，可以用真正的自信面對世界，可以全然地接受自己，擁抱自己，接受自己的不足，擁抱自己的缺憾。

唉呀！為何我沒有早一點來走這段路呢？

取得證書後跟荷蘭的布萊希特會合，與她一起進教堂參加夜間的彌撒。主持者把當天抵達聖城並領取朝聖證書的國家念了一遍，聽到自己的國家「臺灣 Taiwan」時，內心湧動著激越之情。布萊希特側過臉，開啟慶賀模式對我微笑。彌撒過程中有傳統的擺動香爐儀式，這可不是每天都

‖ 大教堂中擺動的香爐（乃綺拍攝）。

‖ 我（左起）、蘿菈、裴南多、韓國人安在教堂裡重逢。

有，竟讓我們遇上了。唱詩班以莊嚴、神聖的姿態唱起詩歌，歌聲裡沉吟與高亢交織跌宕，與教堂裡的人心共振，彷彿可以直達天聽。我看到離我一段距離的西班牙蘿菈正感動得頻頻拭淚，當我們四目相交，彼此眼中都是既微笑又眼泛淚光。

這條八百多公里的路，有的人因為身體的或心理的因素，千辛萬苦才抵達終點。我算運氣很好，一路充滿喜樂與恩典。旅程結束了嗎？我還不想結束啊！

西班牙有十七個自治區，聖地牙哥德孔波斯特拉是其中一個自治區——加利西亞（Galicia）的首府。對羅馬人來說，這是臨大西洋的極西之地，號稱「Fininterre」，有「天涯海角」、「世界盡頭」的意思。很多朝聖客抵達終點後，會再繼續往西走到菲尼斯特雷這個小鎮，旅程才算圓滿。布萊希特明天會搭公車去這個小鎮，但我隔天清晨四點就得離開趕往機場，一切都在匆忙中結束，沒有機會面對面跟大家告別，只能在 Whatsapp 以訊息聊不捨之情，最後也沒有好好品味一下這座古城。

隨著每年的造訪，我開始拼湊整個西班牙古代歷史，了解這條朝聖之路的由來。直至西元一四九二年卡斯提爾王國（Castilla）公主伊莎貝爾（Isabella）與阿拉貢（Reino de Aragon）王子費爾南多（Fernando）光復西班牙之前，這個國家曾被羅馬帝國、日耳曼民族、伊斯蘭民族統治過。伊斯蘭民族甚至統治了整個伊比利半島長達七百八十年之久。光復之後，西班牙即恢復天主教信仰。

全球因為幾部電影——如美國片「朝聖之旅」、德國片「我出去一下」——的推波助瀾，加上沿途壯麗的自然風光，重要產酒區提供高品質的葡萄酒，物產豐富的加利西亞可品嘗道地的美食佳餚……使得這條古道越來越受到全球旅行愛好者與虔誠信仰者的關注，二〇一八年全球共有三十二萬七千三百七十八人次走過這條路。

每回進到城中，踏進歐布拉多伊洛廣場前，

都會先聽到嘹亮激昂的風笛（Bagpipe）聲。後來我才知道加利西亞人、愛爾蘭人、蘇格蘭人之間彼此有血緣關係。受愛爾蘭人影響，這個區域時常可聽到愛爾蘭音樂。我曾經在一個漂亮溫馨的庇護所聽到主人整晚播放愛爾蘭歌手恩雅的唱片，晚餐時間我旁邊的愛爾蘭朋友說她好像回到故鄉。

朝聖客一進城就會先走到歐布拉多伊洛廣場，這是加利西亞自治區內最大的一個廣場。廣場四面由歷史悠久的古老建築所包圍，面向大教堂就是主要入口「榮光門廊」（Portico de la Gloria）。在「朝聖之路」片中，當朝聖客長途跋涉到達教堂，多半會跪在入口聖雅各雕像前，以手按壓聖雅各的雕像，幾世紀之後慢慢磨出手形的壓痕。

榮光門廊的對面是拉霍伊宮（Pazo de Raxoi）。這座新古典主義建築風格的大宅完成於一七六六年，當初這裡是一所神學院，專門培育傳教士，目前是市政廳與當地政府的辦公處。這棟建築物的迴廊很大器，簡約的吊燈垂懸其上，氣氛宏偉莊嚴，卻不給人壓迫感。我喜歡坐在迴廊的地板上望向歐布拉多伊洛廣場，看著朝聖客走到這裡的感動，看著他們豐富的表情與肢體語言，欣賞著他們不同的拍照姿態。從這裡席地而坐抬頭看整個大教堂，特別在充足的陽光照射下，整棟教堂變成純淨的米白色，聖潔恢弘，令人摒息。

拉霍伊宮。

面對大教堂正立面的左手邊是西班牙的國營旅館——聖地牙哥天主教皇旅館（Parador de Santiago - Hostal Reis Catolicos），這在十五世紀時還是一所修道院，也是招待朝聖客住宿的庇護所，現今改建成華麗的五星級旅館。西班牙有八十幾間這樣的國營旅館，只有兩間是五星級，這是其中一間。踏進旅館大門好像步入中世紀場景，改建時最大程度保留了原始建築的特色，即便不入住也值得入內參觀。

後來每次再訪，我一定會在這座古城多盤桓幾天。我喜歡夜間穿梭在古老的巷弄之間，有時遇到綿綿細雨的夜晚，搭配暈黃的街燈，又是另一番景緻。古城在午夜零時前都還蠻有人氣的，人群會餐廳或酒吧聚集，閒適地喝酒聊天，不會喧鬧吵嚷。

加利西亞是西班牙最重要的漁業中心，產量占全國的一半。每次踏進這一區，有兩道食物我一定要吃上好幾回，沒吃到就好像不算來過。首先是八爪章魚。當地人的道地吃法是用竹籤插著吃；其次是油炸青辣椒（Pimiento de Padron）。雖說一點都不辣，還是不能多吃，不然胃部會有些微的灼熱感，有些人會很不舒服。古城裡的餐館多到不知得來幾回才能吃完一輪，每次來都不怕沒有新地方可去。

‖ 聖地牙哥天主教皇旅館。

‖ 魂牽夢縈的西班牙油條。

另外，我不是個嗜吃甜點的人，可是同樣的，飯後沒吃到兩樣東西，我也覺得好像沒進城。一是西班牙油條（Churro），類似臺灣看電影時偶爾會點的吉拿棒，我只在華納威秀影城吃過。臺灣的做法會在表面撒上肉桂粉，但這裡撒的是細白砂糖。在這裡，西班牙油條永遠是熱的，吃過的人都知道，這東西冷了就走味，一定要趁熱品嚐。另一樣是又黑又濃卻不甜不膩的巧克力。我不只進去一家咖啡店，只有這家店是我喝過品質最好的。

老闆娘瑪麗亞是冷面笑匠，從沒看過她的笑容，但是她的一舉一動總能讓人感到溫暖，有時某些舉動甚至會讓人噗哧噴笑。每次進城，搞定所有事情後一定先往她的店報到。她總是會先瞧我一眼，然後張開雙臂，停在半空中，像在等什麼。在我還沒坐下之前，得先給她一個擁抱，臉頰兩邊還要各親一下，這才算是完成整個「儀式」。這也是我進城最開心的一件事，像是去跟老朋友重逢。這家老店服務的對象大部分是在地客人，但我就是喜歡蹭進這種店，除了食物一流，還有別處沒有的人情味。

朝聖路上的生活簡單又令人滿足，我歸結主要原因是，只要對任何事不抱持過高的期望，認真地活在當下，不試圖掌控所有事，而是在盡己所能的前提下，把結果全部交由上帝引導。願我時時能依循這些精神，也能帶領其他人找到他們的路。

剛剛的提問：如何把在路上體會與獲得的精神，延續到實際生活？答案是，朝聖之路本身就是我生活的延伸，在路上的所思所感所見所得，無一不是生活本身。即使我人離開這條古道，我的心仍然與之同在，緩步前行。

‖ 終點：Santiago 大教堂。

番外篇Ⅰ

漫步在西班牙北方

這次的旅伴是TVBS平面媒體的行銷總監Hubert，我們曾在卡內基共事一段時間。二〇一六年用五十天走完法國之路與一小段葡萄牙之路後回到臺灣，馬上為他與《時尚玩家》總編簡報我的旅程。他聽了很感動，或許因為同是基督徒，更能感受我在路上領受來自上帝的美好，以及林林總總的諸多妙事。他很想幫我帶起臺灣人健走西班牙的這份事業，我問他原因，他說他也說不上來，就是憑著心中的一股感動。

他也感受到我的急切，已經沉寂三年，我覺得都快生鏽了，很想趕快動起來。他有一次直接站在臺北火車站的人潮裡對我說：「Kelly妳不要急！很多事情急不來。這不是在卡內基的教室裡，一切都可以求步驟、求結果，請妳換個腦袋好嗎？妳不覺得或許上帝正在調整妳的步調？」

受到這招當頭棒喝，心靈震盪了好一陣子。Hubert不愧是我的良師益友，及時，貼切，並且用力地敲我一下，這是我當時最需要的幫助。

出發之前，我將時間投注在經營部落格，試著把腦中天馬行空的構想整理成文字，讓抽象的思考具體化。接著他幫我在公司內部做了一場簡報，但俞老闆對收益方面仍存有疑慮。Hubert沒有受到太大打擊，他為此向上帝禱告，得到諸事平安的應許，決定繼續與我再行努力。

Hubert 交代我一些功課，希望我更聚焦在旅程中增添新意，並且重新設計活動與課程，讓「Walk with Kelly」展現獨特風貌，給人一個非得跟著走不可的理由。我很贊同這個建議，不過因為腦袋重開機，我想到的盡是一些虛無飄渺的玄思。後來我決定，與其花時間在紙上談兵，不如聽從直覺帶他走一遍，在實地探訪的過程中將他提出的想法與我的旅程規劃互相配合，也因此我們有了四月份的「西班牙北方漫步實驗團」。

Hubert 透過西班牙旅遊局謀求贊助，因西班牙政府財政困難而作罷。最後他自己申請年假，並且自行支付全程費用。

‖ TVBS 平面媒體行銷總監 Hubert。

出發前Hubert在公司忙得焦頭爛額，沒有通盤討論旅行規劃的機會，但是他對我有充分的信任，讓我在處理細節的時候沒有後顧之憂。我剛開始有點擔心他的體力是否能承擔這種高強度的遠行，後來知道他大學爬過百岳，平常也有上健身房的習慣，讓我可以在規劃行程時放手一搏。

為了讓彼此之間相處融洽，我發了一段訊息給他：

Hubert，我們行前沒有太多互動，但旅行畢竟跟平常時當朋友不一樣，得在十幾天之內二十四小時綁在一起，這讓我有點擔心。我想起過去跟你的良好互動，喜歡你的直言不諱，不把負面情緒悶在心裡的個人特質。所以我希望在旅途中我們可以充分溝通，交換想法，取得共識。如果你對這趟旅行有其他建議請盡量表達，我會慎重參考並放進規劃之中。

他則回應：

Kelly，請妳不用擔心！我們都受過卡內基訓練，知道什麼是正向、有助益的溝通。我們也認識了一段時間，我應該算是好相處的人，況且中間有許多時間是自己走，我不覺得會有什麼大問題。在此謝謝妳的提醒！

然後鏡頭跳接到以桃園機場為背景的出發前第一次見面，上帝馬上為我們安排一場溝通的考驗。

當天他臉色凝重，話也不多，以我過去忙碌的上班經驗判斷，他可能在轉換心情，我想最好的做法是給他時間靜一靜。飛行時我們沒有太多互動，自己也沒多想。飛抵巴黎之後，一下飛機他就跟我說：「Kelly，可以給我十五分鐘嗎？我有事情跟妳商量一下。」我原本想：「十五分鐘？什麼事需要這麼長的溝通時間？該不會想飛回臺灣吧？」但轉念又想：「幸好，我們不趕時間，有的是對話的餘裕，只要願意說，就有機會好好解決，我最害怕的就是疏離與沉默！」

對話內容因為涉及隱私在此不便多談，但他的坦白讓我心裡有底，也讓我了解他所擔憂的事，並達成某種程度的共識。我很慶幸他對我如此信任，不但找到解決辦法，彼此也鬆了一口氣。我從不害怕發生突發狀況，這也是多次自助旅行給我的磨練，讓我有能力處理預期之外的變數。我們順利搭上駛向南法的火車，前往法國之路的起點——聖讓皮耶德港。

在火車上遇到四位臺灣人，都是透過網路認

識，相約來走朝聖之路。此行規劃皆由退休老師馬克（Mark）一人搞定，他擅長運用谷歌地圖掌握行程與方向。我問他們會不會走到號稱世界盡頭的菲尼斯特拉，他們說看時間是否充裕。

我逢人就推薦另一個也號稱世界盡頭的穆希亞，他們一直以為在電影「朝聖之旅」中最後的場景是菲尼斯特拉，殊不知那裡就是穆希亞。回想當時首度憑著一股熱忱踏上這條路，功課可能沒馬克做得這麼仔細。經過幾趟下來，不斷跟朝聖客與當地人交換訊息，才漸漸把整個路線的相關資訊架構得更清楚，更有條理。

在這條路上遇到會講中文的真的不太容易，尤其一次遇到四位。我們在巴約納（Bayonne）轉車時遇到機械問題，歐鐵公司派巴士讓我們轉乘。很奇怪，到目前為止我還沒有一次順利搭火車直達目的地的經驗。等車的同時我們拍照留念，貼在臉書的時候讓很多朋友誤以為我已經開始帶臺灣的朝聖之路團了。

過程中也有人誤以為我跟Hubert是情侶，一起同遊巴黎、西班牙。看我們兩人的臉書，Hubert也有朋友誤以為他結交新女友，傳訊息給他要他善待我。我則有朋友很直接問何時可以喝喜酒，當然也有共同的朋友開玩笑說：「這兩個人自我意識都很強，會不會半路就鬧翻各走各的？」

凡此種種都讓我跟 Hubert 莞爾一笑，其實我們更在意這個過程能迸出甚麼火花，能讓「Walk with Kelly」這個企劃帶領臺灣人接觸到不一樣的旅行方式。

究竟全程發生什麼可歌可泣的故事？我跟 Hubert 各有什麼感觸與收穫？就讓我在接下來的章節裡一一與大家分享。

出發前一週，庇里牛斯山下起暴風雪，之前一些在路上認識的朋友，就是步行在飄雪的天氣中，這讓自小生長在亞熱帶，從未見過雪景的我有點擔心。但心裡想著，出門會遇上什麼樣的天氣本來就不是我能掌控，不如隨遇而安。

昨晚因為朝聖客不多，我們在庇護所中二人獨享一間六床房間。放下背包後，我輕鬆晃進辦公室領取朝聖護照。令我訝異的是，居然已經有了繁體中文版的解說，這似乎意味著當局已經開始重視使用中文的朝聖客了。

辦公室義工一代新人換舊人，全部是新面孔。領了護照，我跟 Hubert 說：「你現在的身分是朝聖客囉！」他說：「對啊！期待了快一個月，直到手持護照的此刻，才終於有從忙碌的步調轉入優閒度假的感覺。」在火車上，Hubert 坦誠說公司本來不准假，自己手邊也同時有好幾個專案在忙，他一度也想取消，但本著對我的承諾，硬著頭皮豁了出去。聽到這番陳述，心中滿是感動。Hubert 信守承諾我覺得不光是對我，而是對這整件事，甚至對他自己。我也因此受到激勵，深信自己跟他同行絕對值得期待。

我們在一間溫馨的法國小館遇到首位朝聖朋友，來自丹麥的酷凜（Kolien）。她原本獨坐餐廳一隅，看我們倆走進餐廳就釋放和善的微笑。

在法國境內時常飽受溝通之苦，法國與西班牙人只有年輕一輩會講英文，第一餐馬上面臨點餐危機。我靠過去問酷凜選擇的菜色和她的評價，再跟服務人員一陣雞同鴨講，終於點了第一頓朝聖客特餐。

食物上桌後換酷凜挪過來攀談。她會講英文，基本交談無礙，她想加點我們其中一份主食，但怎麼講店家就是聽不懂，最後我們只能聳聳肩表示沒轍。她也只能自我寬慰：「反正也快睡覺了，別吃太多。」

經過充分的休息，隔天我們跟愛爾蘭家庭共進早餐。這次是爸爸帶著兩位女兒一同健行。之前充分領教過愛爾蘭人的健談，他們身體裡留著故事的血液，熱愛分享，我想這頓早餐應該不會冷場。在互道早安自我介紹一番後，爸爸很熱切地說愛爾蘭也有一條朝聖之路，先走到海岸邊，再搭船到法國領土，然後一路步行到聖地牙哥，景色之美讓人驚嘆。我腦子裡僅有的關於愛爾蘭的美，只是幾部愛爾蘭電影的場景，被這個我從未到過的國家的父親大力推薦，讓我不由得有點憧憬。

大女兒曾經在日本教過兩年英文，期間曾經造訪臺灣四天。她秀了手機裡九份的照片給我們看，我們頓時熱絡起來。我追問她對臺灣的印象，喜歡的臺灣食物……等，話題都繞著她居住日本的生活與來臺旅遊的經驗，雙方在歡笑中結束早餐。我們走不同路線，必須穿過庇里牛斯山，之後我們再也沒有遇到彼此，但已經在心裡許願，有朝一日我一定要去愛爾蘭！

Hubert的背包超過十五公斤！真不知道他到底塞了什麼。他很識相地承認無法揹著它爬過庇里牛斯山，於是決定找尋寄物店家，以七歐元解決背包危機。事後確認這是一個非常正確的決定，二十七公里的山區步行，比想像中耗費體力，走到後半段連我也疲累不堪。寄物時Hubert還體貼的說：「我的背包用寄的，負擔減輕很多，半路如果妳揹不動了，我還可以幫妳。」我還在心裡想，本姑娘有練過，怎麼可能弱到需要人家幫忙？奈何形勢比人強，最後我的背包還是跑到他的肩上，由他幫我揹下山。做人真的不能太鐵齒，下次來走這段山路，分成兩天會比較好。

庇里牛斯山今天陽光適中，山景清晰澄澈，沒有雨雪濃霧。上帝對Hubert會不會太眷顧了，之前來都沒有這樣的好天氣，更何況上個禮拜還在下雪！山上一片盎然生意，空氣中瀰漫初春的氣息，樹的枝椏點綴新綠，芳草鮮美。這次終於清楚看到黑面綿羊，是這裡的特有品種。我以前老覺得有群聚習性的動物（如雞、鴨、鵝之類）

通常很吵，但綿羊非常安靜，彼此之間保持一定距離，低著頭閒適散步、吃草，幾乎不發出聲音。

我們再度遇到停在路旁抽著電子菸的酷凜，她說今天只計畫走到八公里處的於阿爾西茲，所以慢慢來沒有關係。深怕不會再遇到，趕快跟她合照留念。

於阿爾西茲的奧瑞森庇護所是庇里牛斯山上唯一一間，沒有事先預訂絕對沒有床位。這裡有幾個特色：

沒有電視與網路。（主人希望朝聖客之間有更多面對面的交流，沒了網路大家不會緊盯著手機，彼此之間有更多談話的機會。上次我住這裡

‖ 丹麥的酷凜與我。

‖ 早春的庇里牛斯山。

一晚就交了好幾個朋友。）

洗澡時間限制五分鐘。（報到時主人會給朝聖客每人一枚代幣，投入後計時器將會控制供水時間五分鐘。我想可能因為山區水資源寶貴，為了省水故採取這樣的措施。）

晚餐時間每個人都要自我介紹。（可以使用母語，但我首度在這裡介紹自己的時候在場沒有人聽得懂中文，所以我還是講英文。）

我們這次雖不留宿，但酒吧的餐點還不錯，特地跟 Hubert 在這裡用完午餐再滿足上路。

我們沿途看到不少隻禿鷹在山頂盤旋。接近至高點時遇到美國人巴布（Bob），他已經退休多年，每年都會來走這趟路，對他而言再熟悉也不過了。

他倚在大石頭上喘息，等待專車接他回聖讓皮耶德港。他長得像聖誕老公公，慈眉善目，即便累到喘吁吁，臉上還是堆滿了笑容。他認真的說：「你們有沒有看到天上的禿鷹？」我抬頭看了一下，點個頭說：「有！」他繼續說：「牠們的眼睛非常銳利，雖然飛在高空上，卻可以清楚看到地面上的小型獵物，一旦發現目標，馬上俯衝下來叼走。牠們正虎視眈眈看地面上的朝聖客，萬一有人虛弱走不動，就直衝下來分食他的身體——如今那個人應該就是我。」說完自己哈哈大笑。

他很認真起頭，我也聽到入迷，以為他要講

什麼走朝聖之路不可不知的常識，結果居然幽了自己一默！但這就是美國人，道地的美式幽默。後來我們得往前走，無法陪他繼續等車，我想但若能跟他同行一段時間，應該會蠻有趣的。

通過法國與西班牙的邊境，太陽即便很大，沿途還是有積雪。不知不覺疲勞感漸漸累積，開始有種怎麼走都走不出這座山的感覺。我的背包已經換到Hubert的肩上，他並沒有責怪我排這種疑似部隊操體能的行程，只是隨意說下次要稍微調整，不要一天走完。我承諾會再檢討，但同時也心想：「不會吧……難道真的得在奧瑞森洗五分鐘的戰鬥澡嗎？」

‖ 庇里牛斯山上四月的殘雪。

跨過庇里牛斯山，我們停在進入西班牙的第一個小鎮隆塞斯瓦耶斯。之前來過幾次，這是第一次留宿。這裡的義工人數很多，個個人高馬大，各司其職，規模大之外，還頗有制度。服務人員英文流利，且超級親切，溝通無礙。有些庇護所的義工只熟悉西班牙文或法文，常常得比手畫腳。

深怕Hubert累壞了，當晚開始我就給他含鎂的發泡錠，可以放鬆肌肉。這是前一趟我看德國人常用的保健補充食品，不知效果如何。隔天我們兩個都沒有任何痠痛的感覺，只能說這東西真的太神奇了，效果超出我的預期。往後每天走完路，我們都會丟一顆到開水中，保健肌肉的同時也補充水分。

梳洗完我們往餐廳移動，今晚跟加拿大籍摩洛哥人塔哈（Taha）、美國人德克斯特（Dextor）、法義混血的弗朗切斯科（Francesco）跟他的哲學家朋友朱利安諾（Giuliano）、義大利情侶和德國人同桌用餐。

餐點只有魚和雞兩種選擇，小男生塔哈陷入兩難。他本來選魚，馬上又請服務人員先讓其他人點餐，隨即陷入長考。我跟Hubert偷偷看著他，相視而笑。Hubert說：「只有兩樣，有這麼難選嗎？」我覺得好笑的是，他好像正面臨重大決定，認真得不得了，跟今早在法國境內麵包店所遇見的，看我們跟店員溝通不良而果斷幫忙翻譯的他判若兩人。

所有人的餐點已經確定，他還在猶豫，這時大家開始調侃他。當他做出最後決定，大家一齊歡呼著說：「選得好啊！」只差沒起立鼓掌。這時的他依然露出懷疑自己是否選對的表情，整桌的歡樂氣氛就從這件小事開始蔓延。

那位德國人講英文完全沒有腔調，讓我們一度以為他是美國人。他說他在南非待過，幾乎沒有德國腔。他非常健談，口若懸河，似乎只要聽眾發揮基本聆聽能力，他就可以講上一整晚。有時他的用字太深我跟不上，反而 Hubert 幾乎沒有理解困難，原來 Hubert 的英文比我還好，我也就順勢把這位德國先生交給他負責，我則是轉而跟其他人交談。

用餐中途，德國人突然很戲劇化地說他今天看到一對情侶赤腳，真是不可思議，很難想像他們要像這樣走完全程。旁邊那對義大利情侶話不多，本來默默吃著晚餐，突然有如大夢初醒說：「你是在講我們嗎？那就是我們啊！我男友訓練我赤腳走路，我還有五指鞋用來訓練腳趾頭的抓地力喔！」話沒講完，整桌人都笑翻了。當天晚上餐廳裡至少有十幾桌朝聖客，一桌應該至少有八人，他們這對就這麼巧跟德國人同桌。德國人也覺得不可思議，用很驚訝的表情說：「真不敢相信就是你們！還好我沒有講你們的壞話。」說完大家又是一陣狂笑。

當晚剛認識德克斯特，他有點害羞慢熟，印象中他沒講到什麼話，只記得他很享受食物，好吃到吃完甜點還一直意猶未盡地舔著湯匙。

弗朗切斯科利用工作轉換的空檔來走這條路，以前待過中國，還算熟悉。其實很少外國人能真正了解中國跟臺灣的關係，我常在路上被問到：「臺灣是不是中國的一部分？」他很清楚兩岸現況，沒問我這個白目的問題。他的朋友朱利安諾話很少，後來遇到他們幾次也都沒聽到他開口說話，也許心裡一直在思考著哲學問題也說不定。

離開餐廳時Hubert很開心的說：「原來我的英文還沒生鏽耶！而且第一次跟這麼多國家的人一起吃飯，好好玩哦！」我的第一個任務達到了：讓Hubert敢跟其他國家的人互動。

原本以為今晚應該會蠻好睡的，但即便白天走得很累，晚上我還是難以入眠，可能時差還沒調整過來。半夜半夢半醒之間，我發現背後靠近腰部的地方感覺有小蟲，因為不痛不癢我也沒去抓它，沒想到隔天腫了一大包，好幾天後才消腫，還留下一塊深色區域。我推測這應該不是朝聖客痛恨的背包蟲，根據其他人的經驗談，被背包蟲咬到會很痛很癢，嚴重一點甚至必須就醫。

我有兩次被蟲咬的痛苦經驗。殺蟲方式是將所有衣物以高溫的水清洗過，其他無法高溫清洗的東西，就用大型塑膠袋裝袋後噴灑殺蟲劑悶一晚，隔天再取出風乾，藉此去除殺蟲劑的味道，或用抹布擦拭一遍。身上如果有搔癢的部位，必須去藥房買止養藥膏塗抹患部才會有效，這樣的狀況通常會在一週之後逐漸好轉。

要避免背包蟲，首先卸下裝備時要放在乾燥的地面或石頭上。在野外席地而坐也要慎選地點，庇護所要選擇相對乾淨的，辦理登記前是可以要求先看一下環境再決定。

蟲蟲危機讓我對這間庇護所略感失望，真是五星也不五星了（我承認這本來就是自己亂加的評語，庇護所不會有星等評級）。直到離開一段時間才想起應該要跟庇護所義工提一下我被蟲咬這件事，讓他們改善，避免再有朝聖客受害。不過在朝聖的路上，我還是喜歡住修道院改建的庇護所，這才有真正當個朝聖客的感覺。

隔天出發跨過馬路，爬上健行步道抬頭一看，終於碰上之前在不同旅人的網路相簿中會看到的「距離聖地牙哥七九〇公里」的路標，真是意外之喜！之前行經這一路段都往右邊看馬場，這次總算沒有錯過。

四月的清晨空氣濕冷，但長時間步行會熱，穿著薄長袖即可兼顧。西班牙日夜溫差大，春季早晚溫度有時會低於十度，中午溫度又可以飆高到像是夏天。每次走這條小徑我的心情總是很愉快，晚秋時節來此可以看到兩旁路樹妝點得紅綠相間，好像一棵棵聖誕樹。

昨天在庇里牛斯山上，巴布問起 Hubert 跟我

‖ 路標：距離聖地牙哥七九〇公里。

的工作。Hubert說他在電視媒體公司做行銷，我則回應他想帶臺灣人來走朝聖之路，希望Hubert可以幫我宣傳，所以先帶他來體驗。Hubert又說：「先觀察一下，走完行程後看能怎麼發展。」

聽到Hubert這番回應，我覺得是一個交換意見的好機會。趁著現在我們心情都好，我稍微整理思緒對他說：「我覺得我們可以先不要想合作的細節。這一趟我希望你全程享受其中，我會幫你一路玩得盡興。帶著開心、美好的經驗回臺灣以後，自然而然會知道什麼樣的合作模式會為彼此的事業加分。退一萬步說，即便後來沒有合作的機會也不要有壓力，畢竟很多事情勉強不來。我相信上帝會以祂的方式，告訴我們什麼是最好的安排。」

之後他沒多說什麼，但經過這一番陳述，我自己其實也心安不少。說完我自己稍往前走，Hubert跟在後頭慢慢行進。一路到現在我們建立了基本的默契，想講話的時候就走在一起，但是大部分的時候我們則是各自分開行動。我深信這條古道會依不同人的需求給出不同的禮物，幾次下來我多有領受，所以真心希望雖然這次只走一百多公里，Hubert也能領受專屬於他的恩典。

走過小鎮可以看到海明威的行跡，記錄當年他跟此地的淵源。進入教堂欣賞建築特色，跨過小河，步行在田間小路，偶爾駐足與其他朝聖客互動交流，享受美景就覺得時光飛逝。轉眼已到中午，這裡沒有像樣的酒吧，卻意外發現一間「像樣」的超市，我們買了約十歐元的食物，在超市外的野餐桌上享用午餐。Hubert 一直說：「怎麼這麼幸福！還有美景可欣賞。」對啊！在朝聖路上只要願意，這樣的機會俯拾即是。

四點左右我們抵達今晚要停留的小鎮蘇維。鎮上有座小巧的古羅馬石橋，橋下是清澈的河流，很多人在這裡泡腳、喝啤酒。長時間步行之後可以像這樣犒賞一下雙腿，對朝聖客來說真是一大福音。

Hubert 昨晚在修道院沒有睡好，身體無大礙，但也還沒完全恢復。我決定今晚找好一點的庇護所，即使公營的庇護所還有床位，也不在我考慮的範圍之內。奇怪的是，鎮上其他私立庇護所全都客滿，有錢還住不到。我們的選擇只剩下一間剛開幕的高檔民宿，若今晚入住，那將是我在路上最奢華的一夜。我的心裡不斷掙扎，最後我以 Hubert 需要良好的睡眠住下。（其實是自己也想享受一下，這個理由只是讓我減輕砸錢的罪惡感。Hubert 彷彿看穿了我的小劇場，大方地說今晚住宿費由他買單。這句話讓我心花怒放，在此向 Hubert 總監致上萬分謝意！

民宿主人阿美雅（Ameia）親切解釋這間民宿

主要是提供給來此度假的家庭包棟使用，生活配備一應俱全。沒被包棟的話，就提供單間給朝聖客。我問他為何這一區除了公立庇護所之外幾乎全滿，她說當地人會來度假避暑，爬爬鄰近小山，而且小鎮本身不大，才會有住房供不應求的狀況。

不得不說民宿的廚房實在是方便又新穎，我一路盤算那天或許可以自己下廚邀幾位朋友一起用餐，今晚碰到這樣的廚房正合我意。我提議煮簡單的義大利麵再買瓶酒解決晚餐，順便邀德克斯特一起。剛剛找不到庇護所，他很熱心協助，理應回饋。去超市採買，正想著怎麼聯絡德克斯特，就這麼巧在超市相遇。我很高興地邀請他共用晚餐，不過廚藝方面可能請他多多包涵。（我的廚藝其實不是不好，而是極差，只會煮泡麵那種。）他說廚藝不好也沒什麼，他可以負責煮，因為他是廚師。

什麼？廚師！我登時心花怒放，超想跳起來

‖ 帥哥主廚德克斯特。

大叫運氣真好！但我終究成功克制住自己免於失態，展現出矜持的微笑對他說：「太好了！那我們需要準備什麼食材呢？」就這樣連番的偶然與巧合，我們有了一頓豐盛的晚餐。

原來德克斯特在美國波士頓一家高檔餐廳擔任二廚。雖然本身很喜歡烹飪，聽他說其實工作很忙祿，壓力也很大。我觀察他備餐的過程，表情嚴肅，刀法精準，卻也給人樂在其中的感受，不難想像他真正上工的樣子。

之後我們沒再遇到德克斯特。他就好像上帝給我們的特別禮物，留在心中成為不會褪色的美好回憶。

‖ 一盤義大利麵加一瓶白酒，萬分盡興。

有人說朝聖之路是歐美退休人士的天堂，我覺得完全沒有言過其實。一路花費低廉，吃住方便，時常遇到六、七十歲的樂齡人士，甚至有超過八十歲還來健走的。想想臺灣人的退休生活大概是什麼情形，我們都心裡有數。如果能像前面提到的美國人巴布那樣，在以健走鍛鍊身體的同時結交世界各地的朋友，交談、聆聽彼此閱歷，不是更有意思嗎？

巴布推薦一種他每天必喝的飲品——咖啡牛奶加冰塊（Cafe con Leche con Hielo）。他說大熱天喝到咖啡牛奶加冰塊的滋味簡直妙不可言！要我一定要試看看。我平時喝飲料不喜歡加冰塊，而且都只點咖啡牛奶或啤酒，喝到有點膩了，決定試試他的推薦。巴布強調一定要用西班牙語點，這樣吧台人員會覺你特別親切。我邊走邊重覆念，還轉頭問了他兩次「冰塊」要怎麼講，硬是把它記在腦中。「Cafe con leche con hielo, por favor!」這句千錘百煉的自信之作，終於讓我如願以償喝到咖啡牛奶加冰塊！

才四月，天氣酷熱有如盛夏，喝杯冰涼的飲料確實非常舒服。用西班牙語點飲料時，店員果然微笑地看著我。想想學了一年的西班牙語如今都還給老師。因為沒有使用的機會與環境，在臺灣學語言往往超快忘光。反而現在二十四小時都在西班牙境內，會話進步的幅度頗為明顯。（畢竟不乖乖學個幾句，連點餐都有困難。）

路上有些看似平凡的事，後來都讓我感到新奇。

名作家保羅．科爾賀（Paulo Coelho）名作《牧羊少年奇幻之旅》中的牧羊人是一位追求內心渴望，勇於冒險，智慧過人的青年，而《聖經》裡也會時不時看到不同章節用牧羊人比喻上帝。直到來走朝聖之路，我才看到真正意義上的牧羊人，這個對我來說別具意義的工作。

又如，在交叉路口或搞不清楚方向時，跟初見面的朝聖客看著旅遊書確認方向，也是一件有趣的事。偶爾會發現有人跟我們走不一樣的路，手上的旅遊書一本比一本還要詳盡。有時不懂對方在說什麼，只知道方向相同，目的地一致，總會在經歷比手畫腳的混亂之後，取得共識，彼此祝福，往前邁步。生活中如果遇到意見相左，立場不同的時候，如果能這樣平心靜氣地討論，一同找到解決方法，不是很美好的一件事嗎？

從蘇維到潘普洛納的這段路不特別美麗，但行經祖巴迪卡（Zabaldica）時會經過一座美麗的羅馬石橋，橋下可以看到小瀑布，很像油畫裡的風景。朝聖客會在溪旁高處駐足休憩，享受片刻閒適氣氛。我一直覺得臺灣的生活步調很快，有種不由自主被旁人推著走的焦慮，「放慢腳步」幾乎就是「浪費時間」或「效率低下」的同義詞。但在是在這裡可以得到重新觀察時間流動的機會，誇張一點說就是學習「浪費」時間。強迫自己刻意放慢腳步，偶爾定睛看一朵臺灣不常見到的美麗罌粟花，或者一片群山淡景，或者一座古老的拱橋，先讓雙腳歇息，再任由大腦放空。唯有體認到自己一直是被現代生活所發明出來的時間觀念所制約，才能真正嘗試跳脫控制。這條路為什麼多數人採取「步行」的方式？除了宗教歷史方面朝聖的淵源，我覺得步行是人類最原初的移動方式，甚至藉此為自己生活的時空訂出尺度（例

‖ 祖巴迪卡的羅馬石橋。

如一英呎是1 foot）。身在臺灣，我們總是為生活所迫，凡是都得快狠準。身在朝聖古道，唯一要理解的只有自己，以世界為背景的自己。匆匆看過，其實什麼也沒看到。慢一點，再慢一點，你將看得更仔細。

對發明現代「假日」概念的西方人而言，浪費時間實在是他們的過人強項。他們能點一杯紅酒，坐在咖啡廳前喝一個上午，有時一人品嘗，沉浸在（難得的）孤獨的時光，有時呼朋引伴，與三兩好友天南地北瞎聊，直到現在我還是很欣賞他們能這樣以空白犒賞自己，以浪費時間為樂的習慣。有句老套的廣告詞不是說：「生命就該浪費在美好的事物上！」講的就是這個道理。

進潘普洛納之前我都會有難以言喻的興奮，我知道這個城市有很多酒吧、咖啡店，能盡情品嘗各種優質且平價的紅、白酒與琳瑯滿目的竹籤小點。我一直很期待能把這座城市介紹給Hubert，畢竟能停留的時間不多，因為下午六點我們就要趕搭火車轉往下一個城市。

潘普洛納有完整的城牆，這次進城前就聽到遠遠傳來震耳欲聾的聲響，不知是什麼活動，我心想這下又有好戲可看。一通過城牆，映入眼簾的是快滿出來的人潮。舞台上，歌手正在嗨唱，街上人群情緒高昂，年輕人人手一杯啤酒，一下吶喊一下高歌。這就是潘普洛納，常常舉辦不同活動，讓人驚艷不已。

我詢問之前在路上遇到的李大哥這是什麼活動，他說我們巧遇歷史上的重要時刻，今天是巴斯克獨立組織宣布放棄武裝的日子。巴斯克地區包含法國西南部跟西班牙庇里牛斯山西邊山區，一直延伸到納瓦拉（Navarra）前為止。這個組織經過長久的堅持，終於告訴法國與西班牙政府槍械的所在地，是歷史上和平到來的一刻。

我們很想參與這場盛會，但已經過了下午四點，離火車出發只剩不到兩個小時，我們就得趕搭夜車到五百公里外的薩里亞。海明威到過的咖啡店已經與我們無緣，鬥牛的路線也來不及看，即使如此我們仍然硬是進到酒吧喝杯水果酒，同時點了不可或缺的竹籤小點！我們很快找到一家庇護所願意讓我們使用浴室，沖了澡，我便催促Hubert跟我上街。

我們用盡了洪荒之力擠過人群，直接殺到我第一次走朝聖之路時喝酒的地方。天啊！又是人滿為患！吧台人員忙碌不堪，吧台旁邊也是擠得水泄不通。我試著問旁邊的西班牙人怎麼點餐，我們幸運遇到友善的西班牙人，他們很快讓出位置，甚至協助我點東西。感謝上帝！終於有水果酒可以喝，有竹籤小點可以吃了！

竹籤小點在當地是用來配酒的，當地人通常是點一杯酒，配一個竹籤小點。我們完全不管這套，完全把「小點」當「大餐」，吧台上每一種口味都給它吃一輪，也順利解決晚餐。Hubert第一次吃到竹籤小點，不停吃不停喊：「怎麼這麼好吃！怎麼這麼好吃！太幸福了！太幸福了！」

Hubert啊，你真的運氣很好耶！我敢說整個法國之路就屬這家酒吧的水果酒與竹籤小點最是美味，我因為數度行走朝聖之路，遍嘗各家酒吧，因此得到這個評價，自認為滿中肯的。你居然第一次來就吃到我心目中的難波萬，真是不得不再說一次，上帝實在獨厚於你，藉由我的多次經驗，在你有限的旅行時間之內，給你最好的安排。

之所以決定搭夜班火車從潘普洛納到五百公里外的薩里亞，是打算以夜宿火車省掉一晚的住宿費，同時省掉一天的通車時間。

薩里亞距離終點聖地牙哥約一百一十公里。朝聖之路官方規定只要是「持續」步行一百公里（不能中斷或拼湊）就可拿到朝聖證書。很多朝聖客為了在短時間內拿到證書，就會以薩里亞做為起點。

可能這次有 Hubert 作伴，上火車居然完全沒有想到先設定鬧鐘。我們是普通座位，位置很小又得跟另外兩名旅客對坐，腳無法伸展，整晚半睡半醒，非常不舒服。這趟車程長達十幾個小時，車外又是全黑，不久之後我們已經不知身在何處。

迷迷糊糊醒過來，不知道早已到站，還傻呼呼地想怎麼這站停特別久。突然聽到外面有人喊 Buen camino，才整個人五雷轟頂，趕緊喚醒 Hubert，鞋子來不及穿就倉皇逃出車廂，跳上月台，引得列車長過來關切，還好有驚無險！

清晨六點的薩里亞天色尚黑，但月台上已有不少朝聖客。我們又回到朝聖之路，而且再走一百一十公里就會進入終點聖地牙哥聖城。離開剛認識的朝聖朋友們好遠，他們要走上三週才能到這裡，很惆悵無法與他們一起進城。

Hubert 的身體狀況一直沒有改善，我猜想他的心理壓力大過身體不適，下車稍事整理我就建議他直接去醫院，把身體狀況弄好才有辦法走接下來的路。搭計程車帶著 Hubert 去醫院看診是這趟旅程中最明智的決定。雖然耗掉大半天時間，但因為醫生對症下藥，隔天他的狀況有非常明顯的改善，他也稍微鬆了一口氣。

最後的這一百一十公里，老實說，是全程八百公里中我最不喜歡的一段。朝聖客暴增、群聚，觀光意味濃厚。他們絕大部分輕裝上路，少了點長途跋涉所鍛鍊出來的厚實沉靜感。既然在醫院耗掉半天時間，讓我失去興致走這一段，我建議搭計程車直接到達阿爾蘇阿（Arzua）。

路上的朝聖餐我已經吃膩了，Hubert 的胃口也不好，我宣布今晚本人掌廚，簡單弄個番茄義大利麵，再買瓶酒。我（自認為應該）有烹飪的天分，只是在臺灣外食太方便，在家的話媽媽也都會準備餐點，沒有我表現的機會。今晚我稍稍證明，路上歐洲人常煮的義大利麵我已經完全學起來，而且麵的熟度恰到好處，得到 Hubert 的讚美，直說比型男廚師德克斯特煮的義大利麵還好吃。

阿爾蘇阿到下一個預計停留點方舟才十九公里，我們約莫在下午一點就輕鬆到達。這裡有間超大的庇護所，裡面居然有三溫暖！本來想帶 Hubert 去住，結果被一個大團包了下來，真是不巧。這個城鎮的庇護所多位在大馬路旁，我怕太吵，就沒考慮。最後我找到離交通要道有一小段距離的陽春庇護所，原本以為會很克難，也擔心二十幾人同住一間，Hubert 會睡不好。出乎意料這應該是我們這趟旅程中最難忘的一晚，不是 Hubert 睡不好，是他讓大家睡不好！

我們各自盥洗完畢，Hubert 窩在床上滑他的手機，我到櫃檯寄送他的背包。昨天因為沒有事先確認背包寄送到哪裡，今天差點找不到。幸好我火速請當地人幫我聯繫前一晚的庇護所主人，問到了寄送點，完美解決這次旅程中所遭遇的第 N＋1 個難題。Hubert 很是稱讚我的危機處理能力，說我的潛能就是會在這種緊急時刻完全發揮出來。

在櫃檯巧遇兩位葡萄牙人，他們正在幫來自南非的三口之家解決住的問題，我也莫名其妙地跟他們聊了起來。南非家庭的女兒很熱情，一直要我們去南非找她，所以互留了臉書。女兒很自豪說她爸爸是南非的知名歌手，事後搜尋網路才發現他還真的頗有名氣，出過九張個人專輯。兩位葡萄牙人很熱情約我們共進晚餐，她說他們一行二十幾位會在今晚煮東西吃。這樣的大好機會，我自然不會錯過，馬上衝回房間跟 Hubert 說這個

‖ 來自南非的三口之家，爸爸是知名的歌手。

天大的消息。沒想到他只是冷冷地說：「好啊！」然後繼續滑他的手機。

接近傍晚四點，葡萄牙人慢慢往庇護所外的小草坪移動，大家很有默契地分工合作，有人架起爐火開始煮牛肉、煮飯。有人拿出紅酒、白酒、起司和各式葡萄牙甜點。另外還有一小桌人開始剝起核桃。這時南非一家人拿著幾瓶酒前來，還有兩位美國帥哥也加入，大家陸續開喝。

難得可以在這樣的聚會認識這麼多國家的人，還可以見識到葡萄牙人的飲食文化，我想Hubert沒有參與太過可惜，就衝回去硬把他拉下床，讓羞澀的他也來參與。

‖ 老師們正在烹煮牛肉燉飯。

聊著聊著，我才知道這群葡萄牙人由中學校長、老師與幾個學生所組成，交通工具是一輛中型巴士，上面載著炊具與食物。他們每年從葡萄牙出發，走上一小段朝聖之路。他們在巴士上大方分享食物給我跟Hubert，沒有人問我們從哪裡來，怎麼混進來的，著實見識到葡萄牙人的熱情好客。他們是同事關係，但看起來更像一家人，一直到晚餐時間我才搞清楚誰是校長。

西班牙要到晚上九點太陽才會真正下山，我們就在戶外野餐直到入夜。等到好幾瓶酒都空了，所有人才移動到室內，這時才開始正式的晚餐。菜色很簡單，就是下午煮的一大鍋牛肉燉飯，媽呀！真是超級無敵好吃！我們一路從下午三點吃到現在，肚子已經七分飽，真想打包隔天繼續享用。

基於不能白吃白喝的良好庭訓，我起頭致詞感謝師生們的招待。南非爸爸也說了一些感言，大家吆喝他唱歌，他就即興清唱，搭配女兒美妙的合音，可說是天衣無縫，彷彿參加了巨星級的現場演唱會。他們一不作二不休，要求兩位美國籍帥哥獻藝，兩人唱了美國國歌。我這時開始擔心起來，他們該不會也要我跟Hubert唱歌吧？果然被我猜中，我們也得唱。我最不會唱歌，Hubert想了想說：「不如唱『茉莉花』好了。」我這時才知道原來他是唱聲樂的，真是深藏不露。

歌唱完，接下來竟然還有頒獎典禮！一位老師有備而來地拿出三件白色紀念T恤，南非三口之家、美國二重唱、臺灣雙人組各獲頒一件。

到目前為止，所有節目都是即興演出，事先沒有任何彩排，卻一一完美呈現在大家眼前。今晚的最高潮是他們開始拿著小紙杯，倒著各種不一樣的葡萄牙餐後「烈酒」，大家一邊喝酒，一邊唱歌跳舞。

好幾個老師跑來向我敬酒，跟我說：「歡迎加入。」「很高興認識妳。」我跟他們說：「好想邀請你們來臺灣！臺灣又名『福爾摩沙』，就是葡萄牙語「美麗之島」的意思。」他們開玩笑說要去找校長，請她出機票錢。校長面有難色，遲疑地說：「我們經費有限……」說完大家哈哈大笑！

到了午夜，因為還有其他朝聖客已經休息，大家得極力壓低音量，隔天又有二十幾公里要走，才意猶未盡地一邊輕唱著歌，一邊收拾碗盤。我主動要幫忙洗碗，但她們視我為貴客，說什麼就是不讓我動手，這就是葡萄牙人的待客之道。

喝了大量混酒，Hubert整個泥醉，鼾聲大作，讓我整晚沒睡好。他事後跟我說，若不是我強拉他出去，他大概會在床上滑整晚的手機。

晚上就寢時我始終帶著微笑，讚美上帝的巧妙安排。上帝真是厚愛Hubert！在倒數的這一晚安排這麼特別的一群人，我走了那麼多次，今天才參與了這樣的盛會，總算彌補了他前段因身體不適而無法好好享受這段旅程的小缺憾。

越是一次一次走朝聖之路，我越能體會人與人之間最單純的互動，最無私沒有利害關係的分享。我再次印證彼此互信、真誠的重要，這可以縮短人跟人的距離，簡化許多複雜的算計。我把這個奉為往後處世的圭臬，未來我的目標就是把基本互信的精神重新帶回職場，很多事情處理起來一定更能得心應手，省卻許多麻煩。

‖ 抵達終點聖城時，在聖門前 Hubert 很驕傲地穿起葡萄牙老師們給他的白色紀念T恤。

番外篇Ⅱ　葡萄牙之路

二〇一六年我二度走完法國之路全程，還花了五天的時間，走到西班牙西境大西洋沿岸的小鎮穆希亞與號稱「世界盡頭」小鎮菲尼斯特拉。雖已步行超過九百公里，但身體狀況仍然非常好，明顯感覺自己結實很多，最大的收穫是得到失落許久的翹臀。我一路扛著戴納給的生日禮物——「葡萄牙之路」旅遊書，盤算一下回臺時間，還有一週的餘裕，為了不辜負他的美意，我決定至少走一小段。

我不是一個預先計畫型的人，但我行動力驚人，反正做就對了，與其想太多而做不成，不如邊做邊修正。我另一個秘密武器是親朋好友智囊團，只要詢問意見，幾乎都會得到解決方案。由於時間只剩一週，他們建議我從波多啟程，往回走到終點聖地牙哥。

當時西班牙的裘笛（Jordi）建議我走海岸線。他說沿岸可以領略大西洋風光，過程一定很享受。尷尬的是身上這本旅遊書對此路線著墨甚少，想到扛了九百多公里的厚書結果派不上用場，真不知所為何來。考慮到給建議的裘笛是在地人，聽從他的建議應該不會錯。

旅遊書反正幫不上忙了，我決定依賴路人的指引（多數葡萄牙人都能以流利英語溝通），其次更倚賴路上的黃色指標（但數量比起法國之路少很多，尤其不知為何總是把朝聖客引去山區）。當然在山上俯瞰海岸線別有一番情趣，麻煩的是指標不太明顯，好幾次迷路只能用最笨的方式——回到上一個指標。

此時我的冒險精神整個大噴發，心想：「天啊！這才是真正的挑戰啊！比較起來法國之路實在太便利了，簡直閉著眼睛都可以走到終點。只要安全無虞，所有新鮮事都來吧，我沒在怕的！」

到達波多時費了一番功夫才找到遊客中心，又費了另一番功夫才找到遊客中心推薦的庇護所。到了現場我整個傻眼，它實在太簡陋了。這間庇護所是一棟小屋，緊鄰大型現代建築，須穿過停車場，通過閘門，走過幾乎荒廢的小徑才能到達。即使已經走到目的地，我還不能確定門在哪裡。

小屋尚稱整潔，上下兩層樓，各有配備一套衛浴，共三間房，各四個床位，氣氛有點陰森。多人同住還可以一起壯膽，但今晚似乎只有我跟另一位朝聖客進駐。至於他／她是否善類，根本無從得知。萬一發生意外，我很確定這裡半夜大叫也沒有人能聽得到。

放好包包後我不安地回到櫃檯，問服務人員今晚是否只有兩位朝聖客。他悠悠地說，已經五點了，應該不會有人入住。他要我放心，強調這

‖ 遊客中心推薦的波多公立庇護所，這是我住過最簡陋的了，但很乾淨。

裡很安全，不會有事。我鼓起勇氣問他可否讓我在櫃檯旁打地鋪，因為這裡有暖氣。那個小屋簡陋到沒有暖氣，我可能會凍死在異鄉。不過答案是否定的。

旅行這麼久，第一次感到自己的生命安全受到威脅，第一次感到孤單。多麼希望身邊有個旅伴，撫慰驚懼的心情，而在此之前我可是天不怕地不怕。

後來見到當晚唯一的荷蘭同伴黎恩．里布瑞（Liam Libre），知道他是荷蘭人我就心安了一半。一路上我結識很多荷蘭朋友，他們個性開放同時尊重個體、尊重生命，跟他們相處起來始終非常自在、融洽。為了確認這個人沒問題，我決定好好認識他。他說他其實也在等我，雖然不知我是男是女，但他的直覺告訴他我們會展開一段對話，也會成為朋友。我心想，這也太神轉折了！

黎恩一路從荷蘭住家門口阿珀爾多倫（Apeldoorn）走到西班牙的聖地牙哥，步行了一百二十三天，距離超過三千公里。他跟我一樣當天搭公車到波多，為的是明天跟德國女友會合，再一起旅行幾天。他說他已經一個多月沒看到女友，很期待睽違已久的重逢。

他問我介意放音樂嗎？我說不介意，我也已經很久沒聽音樂了。他放了電影「艾蜜莉的異想世界」原聲帶，是我很喜愛的一部電影。此時的我業已確認，今晚將會安然度過。

黎恩才十七歲，正值高中階段。他覺得學校能學到的遠遠不及他自己在校外的探索，所以揹起行囊開始旅行。他的母親贊助一些經費，他留

‖ 荷蘭同伴黎恩。

下三百歐元之後返還餘款。他要做一個實驗，用這筆有限的經費旅行三百天，意謂著他一天平均只能花一歐元。他想證明自己用這少許的錢依然可以存活，並且體驗到更多樣的人事物。結束旅行後，他要寫書記下這次經歷。

聽到這裡，我腦中浮現《阿拉斯加之死》（Into the Wild）這本書，同時也聯想起改編自本書的同名電影。這是一個真實故事，電影描述有著大好前程的大學畢業生克里斯多夫決定以一把來福槍、一本野外生存指南、一部相機還有一些簡單糧食，到阿拉斯加野外過著與世隔離的生活。為了追求自我，他在野外生存了一百天，當他想回歸現實生活時，因河水暴漲無法渡河，誤食有毒的野生果實，導致身體虛弱致死。

黎恩非常喜歡這本書，很自然地引述了書中的一句話：「只有分享才是真正的幸福！」（Happiness only real when shared!）這也是我印象最深的句子。他說今晚能跟我分享這段時間的經歷讓他覺得很幸福，總覺得大部分的人常常忙到沒時間坐下來靜靜聆聽別人說話。我說我更開心與你分享桌上的這些食物，說完我們相視而笑。

他說他曾經連續走了九十八公里沒有吃任何東西，飢渴的極端經驗讓他學習控制自己的心智，甚至可以感受到其他維度空間的靈體。比如他感受到地下室我挑的那個房間有個小孩，不建議我今晚留在地下室。另外，在還沒有遇到我之前，他就已經知道今晚只有我們兩個人入住。這聽起來有點玄。

他自學英文，每天都練習荷蘭語的英譯，所以字彙增加很快，約莫三個月的時間已經可以溝通無礙。當然同樣是條頓語系，讓他學習英語的速度比我們以中文為母語的人稍微容易一點。

我問他每天一歐元是要怎麼存活下來。他說交通沒有問題，就靠他的雙腳。住宿則是依賴隨身的帳棚。本來他想在這間小屋旁邊搭帳棚，櫃檯人員說沒有辦法，他強調自己身無分文，櫃檯人員最後是大方地讓他免費入住。有錢的時候他會自己煮，或者買條麵包或吐司分很多天吃，知道他狀況的人也會主動提供他食物。有時會碰到慈善機構煮東西給街友，他也會去蹭飯，結果一路上都有足夠的食物。

他的結論是，就物質層面而言，我們真正需要的其實很少，造成我們「覺得」匱乏的原因是無止盡膨脹的慾望。這一點我非常認同。

那天晚上我乖乖搬到一樓，與他各據雙層床的上下鋪。記得那晚非常冷，房間只有兩個活人，也沒有多餘的棉被足夠保暖。我就寢時他還一直找話題跟我聊，但我冷到無法思考與回應，沒多久就睡著了。那天晚上我出乎意外睡得很沉，沒有惡夢擾眠，沒有邪祟騷擾，周遭寧靜到一點聲響也沒有，內心分外的平靜。

隔天我們幾乎同時醒來，在廚房看到他啃著又冷又硬的吐司，實在於心不忍，就請他一起吃早餐，順便來杯熱咖啡。他喜出望外說：「真的嗎？」我說：「是。我們可能沒有機會再見到彼此，你就像我的弟弟，讓我們一起用餐當作道別。你與女友會合，我往北走回聖地牙哥。」看得出來他真的很開心，幾乎在十五分鐘內梳洗完畢並打包好他昨晚散落一地的行李。

出發前我跟他說一定要拍照留念，有機會我一定會再回來。這個庇護所讓我終身難忘，住進去之前我還懷疑是否可以活著見到隔日的太陽，卻意外認識這個特別的青年。

第一頓葡式早餐也不知該點什麼，黎恩也沒有特定想法。我問咖啡店的別桌女性客人，她推薦我們兩款麵包，溫熱、美味、充滿嚼勁。這裡的咖啡特別大杯，我跟黎恩各喝了兩大杯，麵包各吃兩個，總共嗑掉四人份的早餐，才心滿意足地離開那間咖啡店。一頓飽足只花費五．八歐元，這才意識到葡萄牙的物價又比西班牙低。

黎恩陪我穿過波多的舊城區，經過幾個重要景點，如果不是我時間有限，有點急著走回聖

‖ 這是唯一一張與黎恩的合照。

地牙哥，我倒想花個兩、三天在這座城市漫遊。波多很不一樣，酒很好喝，許多建築物的牆壁都以各種漂亮的磁磚裝飾，居民感覺也很友善。昨天我遇到黎恩之前，去洗衣店洗衣服碰到老闆夫妻，他們協助我操作洗衣機，又借我網路；碰到城市導覽巴士的司機，他幫我找到回庇護所的方向；在餐廳前遇到來這裡度假的德國夫婦，說他們每年必定造訪這個城市，食物便宜好吃，酒好喝，住又便宜。

沒了我在法國之路上的夥伴，我以為自己得孤獨地走完葡萄牙之路，卻意外從這個城市開始碰到更多奇妙的人，算是某種程度的願望成真吧！

我以前只知道臺灣有另一個名字——福爾摩沙（Formosa）。當年葡萄牙人航行前往日本途中看到這個在地圖上原本不存在的島嶼，忍不住驚呼「美麗之島」。昨天在街上有人問我從哪裡來，我一說是臺灣，對方馬上很熱情的喊出Formosa！無形中讓我更貼近這個國家，因為他們認識我的家鄉，還賦予她如此美麗的名字。

原以為葡萄牙很落後，治安可能不會太好，經過昨天的有驚無險，開始顛覆了我對她的成見，讓我用全新的眼光認識她。波多城的火車車廂很新穎，世界各國遊客多會於此，甚至給人遊客比當地居民還多的錯覺。我在這裡搭訕到的都是外國人，即便看似當地居民，結果也說他其實是從倫敦移居到這裡。

通常大城市的店員比較缺乏服務熱忱，但在波多，他們的臉上總是充滿笑容，會主動跟我攀談，甚至教我講葡萄牙語，我因此學到：Obrigada!（謝謝）、Quanto custa?（多少錢）等常用會話。他們會強調葡萄牙語跟西班牙語很接近但又有相異之處，還調整我的發音讓我講得更道地。西班牙人也很友善，可惜多半不熟悉英文，交流起來困難一些。

出發不久，寬闊的海洋與美麗的步道映入我的眼簾，我便開始在心中感謝裘笛的建議。我來對了，這是一條跟法國之路迥異的朝聖路線。

沿著海岸線有幾家不錯的酒吧，可惜此時已過下午兩點，不然可以多停留，曬個太陽，喝杯小酒。

十一月的葡萄牙天色暗得很快，跟臺灣一樣六點幾乎天就黑了。整個下午遇到的人大概不超過十個，其中一位是加拿大的米歇爾（Michel），他要往回走到波多，我只跟他確認前方是否安全，互留了臉書便道再見。遇到他至少讓我知道方向正確，但我心裡仍然浮想聯翩：「我是不是來錯季節？」「怎麼路上都沒什麼朝聖客？」「難道是大家習慣不走海岸路線嗎？」「戴納給我這本

‖ 葡萄牙之路的海邊木頭步道，我在這條步道遇見加拿大的米歇爾。

旅遊書是要幹嘛？」……胡思亂想到最後竟然開始懷疑起初衷：「我一定是瘋了才一個人來！」

天色越暗，我越心慌。地圖上認不出這個小鎮，後悔出國前不懂先上淘寶買便宜的網路卡，無法隨時使用谷歌地圖確認地點。路上一個行人也沒有，不知道要走到何時才能休息？今晚有可能要露宿街頭了。好不容易終於看到一間印刷店還亮著燈，敲門探問，店主人告訴我這裡沒有庇護所，但是有一間乾淨的平價旅館。旅館？我是朝聖客耶！我應該睡庇護所的！嗯，我當時真是充滿不知從何而來的志氣呢。

又走了半個小時，找到店主提到的旅館，頓時向現實低頭，管他旅館還是庇護所了，只要不睡在街上我就可以接受。詢問了價格，一開始說是三十歐元。我還在認真思考繼續往前還是停留這裡，不知他是否看出我是朝聖客，他接著說算我二十五歐元就好。

我不喜歡跟人討價還價，總覺佔人便宜是種卑劣的行為。一般庇護所的價格約在十歐元左右，二十五歐元一晚的住處說實話對我來說算是高檔了，但是經歷了一天的不安，用好一點的住宿撫慰疲憊的身心也不為過。

每年約有二十七萬人漫步在西班牙境內的各條朝聖路線，法國之路就占了十七萬人。這個產業為西班牙帶來極大的觀光收益，至今政府當局還不斷開拓更多新的走法，也鼓勵年輕人回鄉經營，並給予創業補助，以舒緩不斷攀升的失業率。種種措施為朝聖客帶來不少便利，不用擔心食宿問題。但大量的朝聖客也讓某些店家因生意太好而發生態度上的轉變，比如使用洗手間若沒有點餐必須付費，如果沒有點餐卻使用店家桌椅，服務人員會很不客氣地要求點餐，不然就會趕人。偶爾遇到這樣的店家，不免讓人覺得很不舒服。

我在葡萄牙之路遇到的大多是更單純的互動。我常常進去酒吧求助，有時借用洗手間，有時問路。遠離大城市的小鎮往往人煙稀少，唯有酒吧裡會有人群聚集，沒有客人也一定有店主坐鎮。在臺灣我巴不得可以連續幾天不講話，在葡萄牙有時一整天下來都沒看到甚麼人。路上遇到的新奇事物很多，我很渴望有人可以聊聊，分享所思所感，或者尋求問題的解方，這時候的酒吧可說是朝聖之路上的重要伙伴。

一早我就闖進這間酒吧想要問路，店主還在吃早餐，二話不說就熱心指引我。我詢問是否可以借用洗手間，他馬上熱心告訴我方向。之後我

‖ 熱心的店主。

問他有什麼餐點，他說廚房還沒準備好。似乎是時間太早，店家還沒正式營業，他以為我餓了，要我分用他的早餐。離開時他陪我走到門口，一直告訴我方向，深怕我走錯，這種溫暖好像進到熟識的長輩家一樣。

沿途進入下一個小鎮後我重覆看到一間酒吧的指標。這間酒吧必須刻意偏離朝聖路線才能到達，在好奇心的驅使之下，我決定前往一探。

店裡的裝飾非常用心，琳瑯滿目的商品不知得花幾年時間才能造就現今的規模，別具歷史感。主人從吧台後方現身走向我問道：「你是朝聖客嗎？需要什麼？」我點了一杯紅酒，我想起身上的水果但沒有刀具，他二話不說隨即遞上水果刀。

他說自己收集各國錢幣，難怪他的佈置很有收集狂的味道。他給了我一枚葡萄牙舊幣，我則以五十元臺幣跟他交換，他如得珍寶，開心地翻轉端詳，還說以前沒有臺灣人進店，我是有史以來第一位。他要我用中文寫下「Buen Caminou 一路順風」，慶祝收集到全新國度的硬幣。

這個阿伯實在可愛，紅酒喝完我又點了一杯咖啡。這時來了幾個中年人，阿伯向他們介紹我是從臺灣來的朝聖客。他們問我是不是單獨上路？目的地是哪裡？我說無論如何，能讓我走回聖地牙哥，安全搭上回臺灣的飛機就好。路上沒遇上什麼人，老是走在荒郊野嶺，有些擔心這裡是否安全。其中一人說：「放心，這條路線很安全。我們很單純友善，不會有壞人的。」

一番閒聊，我稍微安心，這些人感覺很正派，或許所得不高，但比起憂心經濟的西班牙人，反而可以感受到他們單純的閒適與快樂。他們介紹我喝愛爾蘭咖啡，就是在咖啡中加上一點威士忌。咖啡與酒一直是我融入兩國人群的良好媒介，只要能跟他們喝上一杯就能很快拉近距離。

‖ 特別的酒吧餐廳與老闆。

‖ 友善的葡萄牙人。

離開小店之後，我依然走在渺無人跡的小鎮與山區，跋涉石橋與溪流，大部分的時間我只跟自己相處，跟自己對話，四周時常寧靜到幾乎聽不到聲響。沒有網路，與外界失聯突然變成優點，思緒可以保持專注，不被訊息打斷，保有完整的個人空間，這件事對從臺灣來的我而言顯得非常奢侈。我不必構思如何回覆訊息，感受，不，享受當下踏出的每個步伐。適應這個環境之後，聽覺慢慢打開，蟲鳴、鳥唱、流水潺潺等萬籟盈耳，連風吹、草動的聲響都可以輕易察覺。步行一千公里後，腦子裡該清的訊息全都清光，沒有雜訊，留下來的只是滿足與喜悅。我準備好了！

可以重新開始！這段時間儲備的能量應該可以夠我再用個十年。

我想回家。

走出山區來到大城市維亞娜堡（Viana do Castelo），入住時已經晚上七點，教會庇護所的義工夫妻正打算收工，幸好我在最後一刻到達。當晚大概只有四、五位朝聖客入住，他們留了半瓶白酒給我們。

晚上我遇到了蘇聯人槑栫（Kseniya），她提了一袋食物進來，大方跟我分享。我吃到鵝肝醬跟柿子，因為她，我才知道在歐洲的超市可以買到這麼好吃的平價鵝肝醬。她用谷歌翻譯跟我溝通，

‖ 途中石橋。

說她自己有間販售嬰兒用品的小公司，男友已屆花甲之齡，還有一個二十一歲的女兒。因為溝通阻礙讓我對她僅有如此的認識。我對蘇聯很陌生，以為就是一個冰冷的國家，像德國人一樣理性。但她跟我後來遇到的蘇聯朋友都很大方，再度顛覆了我這井底之蛙的粗淺國際觀。

不曉得是我歸心似箭還是體力變好，也許真相是沒人可以聊天，我每天至少步行將近三十公里。一回神就來到小小的漁村卡米尼亞（Caminha），這時我才意識到，如果明天搭船到對岸的阿瓜爾達(A Guarda）就又回到西班牙境內了。

真是捨不得離開葡萄牙！

‖ 我實在不愛拍照，當時跟槑材居然只有這張鏡中影。

希臘的愛琴海上有一座舉世聞名的島嶼——聖托里尼（Santorini）。我想很多人對希臘白色小屋、藍色屋頂的印象正是來自這座小島，島上的伊亞（Oia）小鎮號稱擁有「全世界最美的夕陽」，遊客可以站在高處，觀賞溫暖的夕陽沒入海平面。幾乎一百八十度的海景沒有任何遮蔽物，景色壯闊，其他地方罕有其匹，無怪乎有此稱號。

我驚訝的是，葡萄牙之路居然也一座同名小鎮，更驚訝的是我居然在這裡欣賞到沿途最美的夕陽，實在是美麗的巧合。如此美景今天讓我一人獨享，我恨不得更早一點來到這裡，坐在庇護所椅子上凝視更久一些。我最需要的就是無所事

‖ 葡萄牙小鎮伊亞的夕陽。

‖ 小鎮伊亞的庇護所。

事一段時間，不看手機，不拿起書，就是發呆。

如果我記憶正確，這個庇護所索費僅五歐元，臺幣約三六〇元。今晚只有我跟另一位西班牙女生忒蕾莎（Terresa）入住，她實在累壞了，要求主人給她單獨房間讓她好好睡個覺。登記入住時主人給我們一袋食物，裡頭有一根香蕉、兩顆橘子跟一條巧克力棒，說是給我們當隔天的早餐，非常貼心。

當晚我睡得很熟，隔天五點多就醒了。醒來就有一種難以言詮的體認：今天應該是我最後一天在古道上獨行。未來我很有可能會帶人，可能會跟伴侶一起，不會再有機會像這樣自顧自踽踽而行。我要更享受、更把握這最後機會。

天微亮我就上路，在公路旁走了將近兩個小時，沿途沒有一間酒吧開門營業，旅館也都大門深鎖。黃色指標指引我往山區，在山上可看到遠處的海景。繞行遠路，上上下下，有賴昨天那袋食物讓我抱有基本體力繼續堅持。

直到下午一點多才到達拉馬羅沙（Ramallosa）小鎮。在咖啡店遇到忒蕾莎，我想她沒有長程步行的經驗，腳痛的狀況不是很樂觀。她的身體還沒調整好，徒步遠行讓他有點吃不消。雖然如此，她還是很樂觀地認為這對她是好的，平常總是依賴別人，這次是她首度一人旅行。她的朋友都潑她冷水，認為她走不到半天就會想回家。沒想到

‖ 在半山腰俯瞰海岸線。

截至目前為止，她已經獨立走了將近一週。她很驕傲自己竟然能熬過旅途上的孤獨感，這對西班牙人而言實屬不易。他們的民族性熱愛群聚，很少在西班牙的餐廳裡看到單獨用餐的人，總是一群一群，而且七嘴八舌高談闊論。

忒蕾莎還告訴我，到了某個地方，黃色箭頭會變成綠色箭頭，沿著綠色箭頭會找到一家離維戈不遠的庇護所。她不能再走，會停留在拉馬羅沙。我陪她到有如中世紀古堡的庇護所，如果不是有趕路的壓力，我一定跟她同住。

跟忒蕾莎分開後，古道荒廢到我不得不懷疑自己有沒有走對。沿途確實看到她說的綠色箭頭，但一直把我指向更偏僻的深山，跟海岸路線完全相反。這時天色開始變暗，我更害怕錯過指標而迷路或走不出這片山區。正當我舉棋不定，滿心驚恐，背後突然傳來男人的聲音說我走錯方向。剛開始我還不信，就是因為怕迷路，我比之前更注意指標。他倒是語氣堅定地重覆說：「妳走錯了！」恰巧這位男士出來抽菸，若晚個幾分鐘我就會錯過他，往更深的山裡走去，一旦如此，後果將不堪設想。感謝上帝差派天使，拯救身處險境的我。

後來我順利到達忒蕾莎說的庇護所。一樓是酒吧，二樓是住宿空間。酒吧的主人不諳英文，

‖ 跟忒蕾莎分開後，黃色箭頭果真變成綠色箭頭。

雞同鴨講比手畫腳了老半天，我才大致了解他想傳達的是：當晚會有村民在樓上的隔壁間學跳舞直到午夜，希望不會吵到我。樓上只有洗手間，洗澡要到一樓旁邊的小屋。今晚只有我留在這間建築物裡，交代我明天離開的時候，幫他把門鎖好，並將鑰匙放在外面的信箱。

午夜以前隔壁確實很吵，我猜今晚的主題是交際舞。要不是我走了三十多公里已經鐵腿，不然我還滿想跟他們一起學的。只是我心力交瘁，不到九點就疲憊地爬上床鋪，也沒力氣想半夜會不會有人闖進來把我怎樣，就這樣安然過了一夜。隔天一一完成店主所囑咐的事項後，重新踏上旅程。

三年來在西班牙境內走過幾條不同的朝聖路線，最最驚奇的事莫過於最後在葡萄牙之路的維戈遇到西班牙婦人卡門。在那樣的情況下結束行程，是我怎麼想也料想不到的。

隔天我就要從聖地牙哥搭機前往巴黎跟一位朋友會合，之後停留兩天再回臺灣。好幾次進聖地牙哥大城總是急著下一個行程，不然就是忙著跟朋友互相道賀與道別，不曾仔細造訪這個城市。內心盤算不如就走到維戈，再搭火車回聖地牙哥，應該有半天的時間閒晃，順便買紀念品。

殊不知維戈城是西班牙第一大漁港，到處高樓林立，不同於其他的老舊古城，很詭異的，我開始找不到黃色指標，困在車水馬龍的交通要道繞不出去，也沒有路人可以問。好不容易遇到一對晨跑的父子，問他們火車站怎麼走，正巧他們也往同樣的方向，要我跟著他們。我只能揹著八、九公斤的背包，以快走的速度跟上，幸好我有練過，體力不錯，沒有跟丟。

爸爸提到這是一個新興都市，有很多工作機會，很多年輕人會到這裡定居。由於兒子剛來沒多久，爸爸則是從別處來訪，所以他們對這裡也還不熟悉。我在一個寬闊路口跟他們分開，他們已經指引我方向，也確定我應該找得到。事實是，我又開始鬼打牆，明明幾個路口就到，但就是看不到火車站，連個路牌都沒有。雪上加霜的是酒吧裡沒有人會講英文，我還試著進去高檔一點的飯店問，服務人員已經告訴我方向了，我還是找不到，讓我更加心急如焚。

我在街上徘徊，整整瞎繞了兩個多小時，覺得自己根本在浪費時間。在這裡耗時太久，能逛聖地牙哥的時間就更少了，心中無聲地吶喊著：「拜託讓我回聖地牙哥啊！」內心小劇場上演的同時，眼睛仍然不放棄搜索看起來像是會講英文的路人。

好不容易前方走來一位穿著優雅的西班牙婦人，我問她是否會講英文，她馬上回答說：「會

‖ 西班牙境內的維戈，我在這裡巧遇卡門。

哦！」那時的心情簡直跟中頭彩差不多。我問她知不知道火車站怎麼走。她說：「知道！我正要去搭火車，妳跟著我走就對了。」天啊！我好像遇到救星，跟她說我在這個城市已經迷路了兩個多小時還是找不到火車站。後來問到她的名字是卡門，聽了我的遭遇只是溫柔地對我微笑。我們後來展開一段不可思議的對話。

她問：「你是哪裡人呢？」

我答：「我從臺灣來。」

她驚訝的看著我說：「我老公是臺灣人！」

什麼！我沒聽錯吧？我問她：「臺灣哪裡？」

她說：「鳳山！」

「什麼！離我家很近耶！」

西班牙何其大，有幾個人會跟臺灣人建立婚姻關係？我居然就遇到一個臺灣媳婦，未免也太妙了。難道我剛剛迷路的兩小時，就為了在此時此刻的這裡巧遇外出的卡門？

卡門問我怎麼會出現在這裡？我簡短說明旅程規劃，她說跟先生也分次走過朝聖之路，他們的家也座落在葡萄牙之路上。知道我接下來的行程後，她問我要不要去她家坐坐，她先生難得遇到會講中文的一定很開心。這還需要考慮嗎？我馬上欣然答應。

維戈火車站隱身在遇到卡門的那條路底端，

招牌不怎麼醒目，還要穿過一片停車場才會進到購票大廳。很多時候我都習慣以既定觀點去思考另一個國家的樣子，比如臺灣火車站的站體通常很醒目，總是位於繁華的地段，就把這種刻板印象直接套用到西班牙或其他國家。這裡的火車站完全顛覆了我的想像，如此不起眼。公車停等處更是一絕，完全沒有招牌，只在地上劃一個長方形框框，裡頭寫著「BUS」，第一次看到真是哭笑不得，誰想得到站牌竟是畫在馬路上。這真是個可愛的國家。

我聽過有人以「溫水煮青蛙」形容在舒適的環境待太久的人，相當具象。我期待透過旅行給自己各種刺激，打破固著、老舊的思考模式。現在我是標準的旅行上癮者，雖然必須經常面對摸索時的不安，或因準備不充分而造成的金錢與時間的損失……等狀況，但這些損失都在我能承擔的範圍內，甚至覺得付出這些代價所帶來的滿足感非常值得，讓我樂在其中。

跟著卡門回家前，她開著小車帶我去當地傳統市場買鮮魚跟蔬菜。每當我拜訪新的國家或城市，我一定設法撥空去附近的傳統市場閒逛，可以了解當地人的日常吃食與雜用，是最貼近當地生活的旅行方式。這次由當地人帶路，我抓緊機會觀察卡門與攤販老闆的互動。卡門說她會固定跟幾個攤位往來，這些攤位都是她從小接觸到大，非常熟悉。我跟在旁邊，聽她跟每個攤位老闆鉅細靡遺聊起我們的奇遇，我就在旁邊點頭微笑，聽不懂裝懂。

他們好像有聊不完的話題，買東西的對話大概只佔交談內容的十分之一，其他似乎都在閒話家常。偶爾有兩、三位顧客加入，卡門就會搖身一變成為說書人，天南地北講著精采的故事，讓其他人一邊驚呼一邊用好奇的眼神上下打量我。

西班牙人真的什麼都能聊，剛剛發生的事、家中瑣事、國際大事、體育賽事……在他們的日常生活中，每個片刻都有趣極了。

採買完回到家，卡門在門口對我說：「妳一定會很喜歡我們家，我們家很漂亮喔。」老實說，我很難想像「漂亮」是什麼概念，下一刻大門滑開，我像闖進一座私人公園，到處是生意盎然的植栽，一棟日式別墅就隱身在綠意之中。別墅旁邊是游泳池，游泳池的旁邊則是鄰居的葡萄園。延伸視線一直到遠方，甚至看得到煙嵐霧靄伴著群山淡景。這一切都讓我的眼珠子快掉出來了。

卡門的先生阿山哥笑容滿面，帶著一隻可愛的小狗出門迎接我們，我想卡門大概已經在電話中跟他提過我了。打過招呼之後，我們很自然地聊開。

卡門去準備午餐，跟我坐在餐桌談話，偶爾卡門會加入話題，整個三方對談穿插著西、中、英三種語言。難得遇到旅居當地的臺灣人，之前受限於語文不通，我內心有好多對西班牙的疑惑無人解答，現在終於可以好好請教了。他告訴我一些關於西班牙政府對朝聖路線所帶來的經濟效益的重視，以及政府如何嘗試紓解不斷攀升的失業率，甚至談到西班牙各自治區為何積極爭取獨立。一個下午的時間讓我對西班牙的理解產生巨大的躍進。我也嘗到卡門的好手藝，那時螃蟹正是當令食材，他們難得吃到螃蟹大餐，我也很有口福地跟著享受到了。

按照原定計畫，吃完這一頓我就要回聖地牙哥。說機場就在他們家跟聖地牙哥中間，除非我還有其他重要的原因非得去聖地牙哥不可，不然乾脆就在他們家留宿一夜，隔天他再帶我去機場。這裡有家的溫暖，沒有離開之理。受到這麼熱情的招待，我才體會到自己還是很渴望朋友，渴望談話，渴望分享，渴望彼此的陪伴。就這樣，今晚我住在他們漂亮的家，旁邊還有厚實的壁爐，是我在朝聖之路上住過最美，最豪華，也最溫暖的庇護所了。

隔天阿山哥開了一個多小時的車送我到機場，不但陪我辦理登機手續，還目送我通關。雖然相聚時間不長，他跟卡門待我如家人的心意讓我萬分感動。

這段長達五十天，總長超過一千公里的旅程，在結束的時刻，我並不是孤單一人。上帝似乎在為了幫我慶祝豐盛旅程的結束，加碼這齣奇遇，讓我經歷到《聖經》所言：「神為愛祂的人所預備的，是眼睛未曾看過，耳朵未曾聽過，人心也未曾想到的。」

過去的我很自負，只要我想，就一定要得到。為此我花極大的力氣去規劃、執行，有時順利，有時狠狠摔跌，然後又靠自己的力量，花很多年的時間再爬起來，整個過程讓我遍體鱗傷，身心俱疲。可是這一趟旅程裡所發生的「美好」一切，都不是我所掌控。我付出了努力，做我能做的，比如買機票離開臺灣、選擇安全的住所、走路時注意安全、時時注意自己的體能……至於接下來會發生什麼事，只能說完全不是操之在我。如果我因此學會一件事，那大概就是放手，順應宇宙的主宰，讓祂作主，為我決定一切。我則是敞開心房接受，張開雙手擁抱，因為我相信祂所為我預備的好，都會是我從來都不曾想過，不曾看過的，也不曾聽過的。

國家圖書館出版品預行編目（CIP）資料

西班牙朝聖 800K　Kelly 這樣撿回自己 / 林孟燕著 . -- 初版 . -- 臺北市 : 蔚藍文化 , 2020.01
面； 公分
ISBN 978-986-5504-06-9(平裝)

1. 旅遊 2. 西班牙

746.19　108022029

西班牙朝聖 800K　Kelly 這樣撿回自己

作　　者／林孟燕
社　　長／林宜澐
總 編 輯／廖志墭
編　　輯／潘翰德　王威智
書籍設計／Hong Da Design Studio

出　　版／蔚藍文化出版股份有限公司
地址：10667 臺北市大安區復興南路二段 237 號 13 樓
電話：02-7710-7864 傳真：02-7710-7868
臉書：https://www.facebook.com/AZUREPUBLISH/
讀者服務信箱：azurebks@gmail.com
總 經 銷／大和書報圖書股份有限公司
地址：24890 新北市新莊市五工五路 2 號
電話：02-8990-2588
法律顧問／眾律國際法律事務所　著作權律師／范國華律師
電話：02-2759-5585
網站：www.zoomlaw.net

印　　刷／世和印製企業有限公司
定　　價／新臺幣 380 元
初版一刷／2020 年 1 月
初版三刷／2020 年 6 月
ISBN：978-986-5504-06-9（平裝）